T0198567

Märkte explorieren

Stefan Kühl

Märkte explorieren

Eine kurze organisations-
theoretisch informierte
Handreichung

Stefan Kühl

Metaplan
Quickborn, Deutschland

Universität Bielefeld
Bielefeld, Deutschland

ISBN 978-3-658-13424-2   ISBN 978-3-658-13425-9 (eBook)
DOI 10.1007/978-3-658-13425-9

Die Deutsche Nationalbibliothek verzeichnet diese Publikation in der Deutschen Nationalbibliografie; detaillierte bibliografische Daten sind im Internet über http://dnb.d-nb.de abrufbar.

Springer VS
© Springer Fachmedien Wiesbaden 2017

Lektorat: Katrin Emmerich, Jennifer Ott

Gedruckt auf säurefreiem und chlorfrei gebleichtem Papier

Springer VS ist Teil von Springer Nature
Die eingetragene Gesellschaft ist Springer Fachmedien Wiesbaden GmbH

Inhalt

Vorwort – Märkte explorieren statt Märkte erforschen

D er Titel »Märkte explorieren« trifft den Inhalt dieses Buches nicht genau. Es geht uns in diesem Buch nämlich nicht allein darum, wie Wirtschaftsorganisationen ihre Produkt-, Arbeits- und Finanzmärkte beobachten, sondern allgemeiner, wie ganz unterschiedliche Typen von Organisationen ihre Umwelt wahrnehmen und daraus Entscheidungen begründen. Auch wenn die Diskussion der Ausrichtung von Organisationen auf die für sie relevante Umwelt mit dem Begriff der Marktforschung nicht selten auf Unternehmen reduziert wird, darf die Umweltbeobachtung anderer Organisationstypen nicht aus dem Blickfeld geraten. Schließlich ist es für Verwaltungen, Armeen, Parteien, Ministerien, Krankenhäuser oder Universitäten häufig schwieriger als für Unternehmen, ihre komplexe Umwelt wahrzunehmen.

Der Titel »Märkte explorieren« irritiert wahrscheinlich die meisten Leserinnen und Leser; denkt man bei dem Verb »explorieren« doch eher an eine sich auf Exkursion befindende Schülergruppe, die die Natur um ihr Landschulheim herum zu entdecken sucht, oder an Kleinkinder, die mit neun oder zehn Monaten anfangen, ihre unmittelbare Umwelt bewusst wahrzunehmen. Dennoch haben wir uns entschlossen, den Titel »Märkte explorieren« beizubehalten, auch wenn es in diesem Buch nicht nur um die Frage geht, wie Unternehmen Märkte explorieren, sondern auch darum, wie Organisationen allgemein ihre Umwelt wahrnehmen.

Das Verb »explorieren« ist von uns sehr bewusst gewählt worden. Der gängigere Begriff »Märkte erforschen« steht für einen in der Organisationspraxis immer noch dominierenden Ansatz, der davon ausgeht, dass sich die Umwelt einer Organisation »objektiv« bestimmen lässt. Die Arbeit der meisten Institute und Abteilungen für Marktforschung wird von der Vorstellung dominiert, dass man die Entwicklungen auf einem Markt so erfassen kann, wie sie »wirklich« sind, wenn man nur darauf achtet, dass die Daten nach den wissenschaftlichen Standards für Reliabilität, Validität und Repräsentativität erhoben werden. Diese Sichtweise passte zu einem lange Zeit im Management dominierenden zweckrationalen Verständnis von Organisationen, in dem davon ausgegangen wurde, dass man aus einer genauen Analyse der Umwelt einer Organisation deren Strategie – also deren Mittel, mit denen ein Zweck beziehungsweise ein Ziel erreicht werden sollte – ableiten und dann die ganze Organisation über Zweck-Mittel-Ketten konstruieren könne.

Mit dem Begriff »Märkte explorieren« markieren wir, dass wir die Vorstellung, dass Märkte »objektiv« erforscht werden können, ablehnen. Spätestens seit der sogenannten kognitiven Wende in der Organisationsforschung hat sich in der Wissenschaft die Vorstellung durchgesetzt, dass die Struktur einer Organisation maßgeblich ihre Sicht auf »ihre« Umwelt bestimmt. Wenn in einer Organisation unterschiedliche Sichtweisen vorherrschen, dann hängt das keineswegs damit zusammen, dass sich die einzig »richtige« Sichtweise noch nicht durchgesetzt hat, sondern damit, dass die einzelnen Organisationseinheiten ganz unterschiedlich in die Struktur der Organisation eingebunden sind und deswegen ihre Umwelt mit jeweils individuellen Beobachtungsrastern wahrnehmen.

Ziel dieses kleinen Buches ist es, aufzuzeigen, wie die Exploration von Märkten jenseits dieser verengten Sichtweise konkret aussehen kann. Im ersten Kapitel wird dargestellt, wie Organisationen ihre Umwelt beobachten und in welchem Maße sie sich dabei an anderen Organisationen in ihrem organisationalen Feld orientieren. Im zweiten Kapitel wird ausgeführt, weswegen die lange Zeit dominierende Lehre, dass Organisationen ihre Umwelt objektiv erfassen können, zu kurz greift. In Kontrast zu dieser Lehre wird gezeigt, dass Organisationen sich ihre Umwelt vielmehr selbst erschaffen. Im dritten Kapitel wird ausführlich beschrieben, wie eine Organisation über Mechanismen der Degeneralisierung und der Hypothesenbildung ihre Wahrnehmung der Umwelt punktuell verändern kann. Für die grundlegende Veränderung der Wahrnehmung der Umwelt gibt es jedoch nur eine Möglichkeit – die Veränderung der eigenen Organisationsstruktur. Welche Ansatzpunkte es dafür gibt, wird im vierten Kapitel – dem Fazit – kurz aufgezeigt.

Dieses Buch habe ich vorrangig für Praktiker in Unternehmen, Verwaltungen, Krankenhäusern, Schulen, Armeen, Polizeien, Parteien oder Vereinen geschrieben. Bei der Darstellung der Vorgehensweise nutze ich unsere langjährigen Erfahrungen mit der Unterstützung von Unternehmen, Verwaltungen, Universitäten, Krankenhäusern und Non-Profit-Organisationen bei der Exploration ihrer Umwelt. An einzelnen Stellen zeige ich immer wieder auf, wo die von uns propagierte Vorgehensweise Elemente aus der gängigen Praxis der Marktforschung aufgreift und wo sie davon abweicht.

Auch wenn das Buch aus der Praxis und für die Praxis geschrieben wurde, besteht unser Anspruch dennoch darin, dass die von uns vorgestellten Überlegungen mit den modernen Ansätzen der Organisationstheorie abgestimmt sind. Ohne die grundlegend unterschiedlichen Denkweisen und Verwertungszusammenhänge von Organisationstheorie auf der einen Seite und Organisationspraxis auf der anderen Seite ignorieren zu wollen, ist es mein Anspruch, eine in der Praxis erprobte Vorgehensweise zu präsentieren, mit der man sich nicht sofort wegen eines vermeintlich verkürzten Organisationsverständnisses das mitleidige Lächeln von Organisationswissenschaftlern einhandelt. An der einen oder anderen Stelle – zum Beispiel bei der Entwicklung des Konzepts des »Formings« zur Wahrnehmung der Umwelt durch Organisationen – habe ich sogar den Anspruch, über den bisherigen Forschungsstand hinauszugehen.

Dieses Buch ist Teil einer Reihe, in der wir auf der Basis der modernen Organisationstheorie für Praktiker die Essentials zu einem zentralen Management-Thema darstellen. Neben diesem Band »Märkte explorieren« sind auch noch Bücher zu den Themen »Organisationen gestalten«, »Leitbilder erarbeiten«, »Projekte führen«, Laterales Führen« und »Strategien entwickeln« erschienen. Diese Bücher können jeweils einzeln gelesen werden, wenn man als Praktiker oder Praktikerin mit einer spezifischen Problemstellung in seiner Organisation konfrontiert ist. Die Bücher sind aber so aufeinander abgestimmt, dass sich bei der Lektüre ein kohärentes, abgestimmtes Bild von der Funktionsweise von Organisationen und den Einflussmöglichkeiten darauf ergibt. Weil wir diese Bücher in einem Guss geschrieben haben, werden aufmerksame Leser und Leserinnen in allen Büchern dieser Reihe immer wieder verwandte Gedankengänge und ähnliche Formulierungen finden. Diese Überschneidungen werden bewusst eingesetzt, um die Einheitlichkeit des zugrunde liegenden Gedankengebäudes und die Verbindungen zwischen den verschiedenen Büchern hervorzuheben.

Wir halten nichts davon, Texte für Manager und Berater mit einer Ansammlung von Bullet Points, Executive Summaries, grafischen Darstellungen des Textflusses oder gar mit Übungsaufgaben zu »vereinfachen«. In den meisten Fällen infantilisieren diese »unterstützenden Mittel« die Leserinnen und Leser, weil davon ausgegangen wird, dass sie nicht in der Lage seien, die zentralen Gedanken ohne Hilfsmittel aus einem Text herauszuziehen. Ich nutze in diesem Buch deswegen – genauso wie in allen anderen unserer Bücher in der Essentials-Reihe – neben einigen sehr sparsam eingesetzten Grafiken lediglich ein einziges Element, das die Lektüre des Buches erleichtert: In kleinen Kästen führe ich einerseits Beispiele an, die unsere Gedanken konkretisieren, und andererseits nutze ich die Kästen dafür, um ausführlicher Anschlüsse an die Organisationstheorie zu markieren. Wer wenig Zeit hat oder sich für diese Aspekte nicht interessiert, kann auf die Lektüre dieser Kästen verzichten, ohne dass dadurch der rote Faden verloren geht.

Erste Überlegungen, wie Organisationen ihre Umwelt konstruieren, finden sich in den Büchern »Das Regenmacher-Phänomen. Widersprüche im Konzept der lernenden Organisation« (Kühl 2015a) und »Sisyphos im Management. Die vergebliche Such nach der optimalen Organisationsstruktur« (Kühl 2015c). Wer sich näher dafür interessiert, wie genau man Organisationsstruktur begreifen kann, durch die die Sicht auf die Umwelt konstruiert wird, sei auf das Buch »Organisationen. Eine sehr kurze Einführung« verwiesen (Kühl 2011). Dort habe ich das erste Mal die Neun-Felder-Matrix zur Erfassung der Organisationsstruktur ausgearbeitet, die für das Verständnis unterschiedlicher Sichtweisen einer Organisation auf ihre Umwelt wichtig ist.

Dieses Buch wurde im Rahmen des Qualifizierungsprogramms »Führen und Beraten im Diskurs« der Beratungsfirma Metaplan entwickelt. Den Teilnehmerinnen und Teilnehmern, die die hier vorgestellte Vorgehensweise nicht nur immer wieder kritisch hinterfragt, sondern auch ihre Erfahrungen aus der Praxis eingebracht haben, sei ebenso für die vielfältigen Inputs gedankt wie den Organisationswissenschaftlern, die in den letzten Jahrzehnten die Praxis von Metaplan immer wieder kritisch reflektiert und kommentiert haben.

1 Die Beobachtung der Umwelt

Jede Organisation muss sich zwangsläufig ein Bild von ihrer Umwelt machen. Unternehmen verschaffen sich einen Eindruck davon, was ihre Kunden wollen, welche Strategien ihre Konkurrenten einschlagen werden und wie sich politische Regulierungen verändern werden. Ministerien stellen sich darauf ein, wie Organisationen auf ihre Gesetze und Verordnungen reagieren werden und welche Reaktionen dies bei Lobbyorganisationen auslösen wird. Parteien entwickeln ein Gespür dafür, wie ihre potenziellen Wähler ticken und wie sie selbst im Verhältnis zu anderen Parteien wahrgenommen werden.

Aber was genau ist die Umwelt einer Organisation? Wie entsteht die Umwelt einer Organisation, und welche Mechanismen nutzen Organisationen, um ihre Umwelt zu beobachten?

1.1 Die Umwelt einer Organisation

Systeme – ob es sich nun um Gruppen, Familien, Bewegungen oder Organisationen handelt – bezeichnen alles, was sie sich nicht selbst zurechnen, als Umwelt. Das kann bei einer an der Straßenecke herumlungernden Clique eine konkurrierende Gang an der nächsten Straßenecke sein; bei Familien ist es zum Beispiel die Schule, in der die Kinder (auch) erzogen werden; bei sozialen Bewegungen »die« Politik, Wirtschaft oder Wissenschaft, gegen die sich die Proteste richten, oder bei Organisationen die Kunden, die sie mit Leistungen bedienen möchten.

Aber es ist gut möglich, dass sich die von einem System definierte Umwelt selbst gar nicht unbedingt als Umwelt dieses Systems beschreiben würde. Ein Unternehmen – so die Beobachtung von Niklas Luhmann – stellt sich vor, es habe »Kunden«, obwohl die so bezeichneten Kunden sich kaum als Kunden eines bestimmten Unternehmens »beschreiben oder auch nur ansprechen lassen würden«. Porschefahrer, Edelhandy-Telefoniererinnen oder Prestigemarken-Handtaschenträger, die ihre Identität als Person über die Rolle als Käufer definieren würden, seien lediglich die Ausnahme, die diese Regel bestätigten (Luhmann 2000, S. 239).

Was die Organisation zu ihrer Umwelt zählt und was sie sich selbst zurechnet, ist kontingent. Ölgesellschaften können Tankstellen selbst betreiben. In diesem Fall gehören das Gebäude und die Einrichtung der Ölgesellschaft, das Personal wird von ihr eingestellt und die Einnahmen und die Ausgaben finden sich in ihrer Buchhaltung wieder. Sie kann aber die Tankstellen auch durch formal selbstständige Tankstellenpächter betreiben lassen. Auch wenn die Ölgesellschaft die Pächter vertraglich zwingen kann, eine vorgeschriebene Menge des eigenen Benzins abzunehmen und die Produkte für ihren Tankstellenshop zu überteuerten Preisen bei ihr einzukaufen, stellt die Ölgesellschaft für die Organisation »Tankstelle« trotzdem die Umwelt bzw. einen Teil der Umwelt dar. Wenn sich die Pächter unter diesem Druck durch die Beschäftigung von Schwarzarbeitern und durch Übertreten des Ladenschlussgesetzes am Rande oder außerhalb der Legalität bewegen, können die Ölgesellschaften nämlich darauf verweisen, dass sie mit der ganzen Sache nichts zu tun haben.

Organisationen haben – wie alle anderen Systeme auch – gar keine andere Wahl, als immer nur einen Ausschnitt ihrer Umwelt wahrzunehmen, denn die Umwelt ist immer komplexer als die Systeme selbst. Und weil jede Organisation sich gegen die Komplexität ihrer Umwelt behaupten muss, bleibt ihr nichts anderes übrig, als bei der Betrachtung ihrer Umwelt mit Verkürzungen und Vereinfachungen zu arbeiten (Luhmann 1984, S. 249 f.). Organisationen – wie alle anderen Systeme auch – überzeugen sich so selbst davon, dass immer nur ein ganz kleiner Ausschnitt der theoretisch möglichen Umwelt relevant ist. Der Rest ist für sie Rauschen. Ein Speiseeisunternehmen nimmt als Umwelt die Käufer seiner Produkte, die Zulieferer von Rohstoffen, die seine Ware transportierenden Logistik-Unternehmen und seine Konkurrenten wahr, nicht aber unbedingt eine im Ostkongo kämpfende Kinderarmee, eine russische Antarktisexpedition oder eine Protestbewegung gegen zu teuren Wohnraum in Israel.

Welche Ausschnitte der Umwelt überhaupt von der Organisation wahrgenommen werden, ergibt sich nicht selten zufällig. Manchmal bringen neue Mitarbeiter aufgrund ihrer früheren Berufstätigkeit Perspektiven in die Organisation ein, die vorher nicht als relevant betrachtet wurden. Manchmal führt die Einführung von neuen Kommunikationswegen in der Organisation dazu, dass zu aller Überraschung plötzlich ganz neue Aspekte in der Umwelt für die Organisation relevant werden. Bei der Auswahl der Verkürzungen und Vereinfachungen, mit denen Organisationen ihre Umwelt beobachten, gibt es einen »Moment der Unsicherheit, der Relativität, ja der Willkür« (Luhmann 1984, S. 655).

Besonders in den letzten hundert Jahren haben Organisationen vielfältige Mechanismen entwickelt, um ihre Umwelt in einer systematischeren Form zu erfassen. Unternehmen fingen an, sich planvoll mit Markt- und Konsumforschung zu befassen, Trendforscher zu beschäftigen und Konkurrenzanalyse zu betreiben. Es entstanden Verbände, deren Aufgabe darin besteht, politische Veränderungen zu beobachten und diese Veränderungen in leicht verständlicher Form an ihre Mitgliedsorganisationen in der Wirtschaft, der Wissenschaft, den Massenmedien oder der Gesundheitsversorgung zu melden. Parteien begannen, Wahlforschungsinstitute zu beauftragen, um herauszufinden, was ihre Wähler meinen und wollen und um herauszufinden, wie sie sich von anderen Parteien abgrenzen können. Selbst Verwaltungen, Universitäten und Gefängnisse fingen an, unter dem Label Qualitätsmanagement die Zufriedenheit »ihrer Kunden« abzufragen.

Der Hintergrund für diese Entwicklung war, dass die Organisationen zunehmend den Eindruck gewonnen hatten, dass ihre Umwelt mehr und mehr zu einer »Blackbox« wird, von deren Inhalt sie nur eine sehr vage Vorstellung haben (vgl. Hellmann 2003, S. 107 ff.). Die Wahrnehmung der Organisationen war, dass sich zwischen dem, was sie selbst leisteten, und dem, was die Umwelt an Leistungen abzunehmen bereit war, »Gräben«, »Schluchten« und »Berge« befanden, die man nur durch »Kundschafter«, »Scouts« und »Pfadfinder« in Form von Markt-, Trend- oder Wahlforschern überwinden könne (vgl. Hellmann 2010, S. 192 f.).

1.2 Die Orientierung an ähnlichen Organisationen im Feld

In der Umwelt vieler Organisationen spielen Einzelpersonen eine wichtige Rolle. Krankenhäuser beispielsweise behandeln nicht Familien, Gruppen oder Organisationen, sondern individuelle Kranke. Parteien bekommen bei Wahlen ihre Stimmen in der Regel nicht von organisierten Wählerverbünden oder Familienzusammenschlüssen, sondern von individuellen Wählern. Und auch Unternehmen verkaufen in den meisten Fällen ihre Produkte und Dienstleistungen nicht an Gruppen, Familien oder Protestbewegungen, sondern an Einzelkunden.

In vielen Fällen jedoch besteht die Umwelt von Organisationen maßgeblich aus anderen Organisationen. Organisationale Felder – früher in der Wissenschaft auch als »Organizational Sets« bezeichnet – entstehen dadurch, dass Organisationen untereinander Informationen, Konzepte, Personen, Dienstleistungen oder Güter austauschen (siehe zu diesen frühen Ansätzen zur Bestimmung von organisationalen Feldern Evan 1966, S. 318 ff.; siehe auch Mayntz und Ziegler 1977, S. 83). Organisationen passen sich durch diesen Austausch oder auch nur durch die Beobachtung anderer für sie relevanter Organisationen an ihre Umwelt an. Häufig werden diese Anpassungsprozesse noch dadurch verstärkt, dass Organisationen im gleichen Feld von Professionsorganisationen wie beispielsweise Ärzte- oder Anwaltskammern oder Regulierungsbehörden abhängig sind (vgl. DiMaggio und Powell 1983, S. 148 f.).

Die Organisationen in einem organisationalen Feld können sich ähnlich sein – zum Beispiel, wenn sie das gleiche Produkt produzieren und auf einem Markt miteinander konkurrieren. Sie können sich aber auch stark unterscheiden. Man denke beispielsweise an auf die Bankenbranche spezialisierte

IT-Unternehmen, die von ihrer Struktur her wenig Ähnlichkeit mit einer Bank haben, aber trotzdem auf die Bankenbranche prägend wirken können. Oder man führe sich Regulierungsbehörden in der Pharmaindustrie vor Augen, deren hauptsächlicher Bezugspunkt die Politik ist, die aber trotzdem das organisationale Feld für die eher an der Wirtschaft orientierten Pharmaunternehmen beeinflussen.

In der klassischen Literatur zur Marktforschung wird davon ausgegangen, dass sich Organisationen bei der Entwicklung neuer Produkte oder Leistungen an den Bedürfnissen ihrer Endabnehmer orientieren. Unternehmen – so die Annahme – würden die Bedürfnisse ihrer Kunden »erforschen« und ihre Produktinnovationen dann auf diese Bedürfnisse hin ausrichten. Parteien hätten ihr Ohr an ihrer Wählerklientel und würden ihre Programme aufgrund der Rückmeldungen modifizieren.

Die Organisationsforschung hat jedoch herausgearbeitet, dass sich viele Organisationen bei der Beobachtung der Umwelt nicht am Markt orientieren, sondern an Konkurrenten im gleichen organisationalen Feld (vgl. White 1981, S. 517 ff.; siehe dazu auch Luhmann 1988, S. 108). Wir wissen aufgrund von Studien über so unterschiedliche Branchen wie das Hotel- und Gaststättengewerbe (Lant und Baum 1995), den Maschinenbau (Heidenreich und Schmidt 1992) und die Entwicklungshilfe (Kühl 2009a), dass Innovationen in der Regel nicht auf die sich verändernde Nachfrage von Kunden, sondern auf die Beobachtung von Konkurrenten zurückzuführen sind.

Als ein erstes Beispiel kann man die Preisbildungsmechanismen nennen. Die »reine Lehre« der Betriebswirtschaft besagt, dass sich die Preisbildung für eine Leistung an dem Wert orientieren solle, den der Kunde bereit ist, dafür zu bezahlen, und dass man also erheben solle, wie hoch das Interesse der Kunden an einem Produkt ist. In den seltensten Fällen findet die Preisbildung von Unternehmen jedoch über eine systematische Analyse von Angebot und Nachfrage statt. So stellte Robert Hall (2002) in seiner Untersuchung über die US-amerikanische Industrie fest, dass es überraschenderweise keine zwangsläufige Verbindung zwischen einem Anstieg der Nachfrage und einem Anstieg der Preise gibt, was darauf hindeutet, dass die Preisbildung in der Regel unabhängig von der konkreten Nachfrage stattfindet. So ging die Tonträgerindustrie bis zum Aufkommen des Raubkopierens davon aus, dass der Preis von CDs den Kunden weitgehend einerlei sei und dass es deswegen gleichgültig sei, ob man dafür 17 $ oder nur 12 $ in Rechnung stellte (siehe dazu kompakt Surowiecki 2005, S. 98).

Bei Finanzkrisen wird regelmäßig deutlich, dass Banken ihre Entscheidung, wem sie Kredite gewähren, häufig nicht von einer genauen Prüfung der Kreditwürdigkeit der Kunden abhängig machen, sondern davon, ob andere Banken Kredite an diesen Kunden vergeben oder nicht. So wurde bei einer Diskussion von österreichischen Bankmanagern über die Gründe für die Überschuldung des Coop-Konzerns bemerkt, dass man sich bei der Vergabe von Krediten nur daran orientiert habe, welche anderen Banken ebenfalls Kredite gewährt hatten, und dass man dabei nicht nur auf eine eigene genaue Prüfung des Konzerns verzichtet habe, sondern auch übersehen habe, welche Banken keine Kredite gewährt hatten (siehe Luhmann 1991, S. 191). Die durch den Zusammenbruch des US-Marktes für Subprimekredite für den Häuserbau ausgelöste Finanzkrise des Jahres 2008 ist nur ein prominentes Beispiel dafür, was passieren kann, wenn sich Banken bei der Einschätzung von Kreditwürdigkeit vorrangig an der Kreditvergabepraxis anderer Banken orientieren (siehe Varoufakis 2012, S. 176 ff.)

Laterales Führen – Orientierung am Konkurrenten, nicht am Kunden

Einen typischen Fall für die Orientierung an einem organisationalen Feld stellen Seminare zum Lateralen Führen dar. Während die Organisationsberatungsfirma, die dieses Führungskonzept entwickelt hat, vor zehn Jahren noch einziger Anbieter von Seminaren zum Lateralen Führen war, wurden einige Jahre später von fünfzehn deutschsprachigen Beratungs- und Fortbildungsinstituten Seminare zu diesem Thema angeboten.

Interessant ist, dass diese Vervielfältigung von Seminarangeboten zum Lateralen Führen einsetzte, obwohl die Erfinder des Konzeptes lange Zeit kein Geld damit verdienten. Das Seminarkonzept wurde mehrere Jahre im Fortbildungsangebot gehalten, obwohl es sich ökonomisch anfangs nicht rechnete. Andere Effekte wurden als wichtiger eingeschätzt: Schulung der eigenen Berater in dem Instrumentarium dadurch, dass sie das Seminar selbstständig durchführten, und Reputationsaufbau der Firma durch Seminarangebote speziell zu Organisationsanalysen. Diese nicht direkt monetären Kalküle, die von der Konkurrenz nicht mitbeobachtet werden konnten, führten dazu, dass Mitbewerber dieses scheinbar lukrative Führungskonzept kopierten, ohne dass es bereits eine ausreichende Nachfrage nach dem Seminarangebot gab.

Die Vervielfältigung der Angebote hatte den paradoxen Effekt, dass dadurch die Nachfrage in einem Maße zunahm, dass sich – eher ungewollt – das Seminarangebot auch ökonomisch zu rechnen begann. Aufgrund der vielfältigen Angebote zu dem Thema Laterales Führen wurde in den für Berater, Trainer und Weiterbildungsanbieter relevanten Medien vermutet, dass dieses Thema ein neuer Trend sei. Es erschienen Artikel, in denen festgestellt

wurde, dass Laterales Führen »im Begriff ist, in der Weiterbildungs-
landschaft zum Höhenflug anzusetzen« (Bittelmeyer 2007, S. 35).
Aufgrund dieser Form der Berichterstattung stieg dann nicht nur
die Teilnahme von Beratern, Trainern und Weiterbildungsanbie-
tern an den Seminaren zum Lateralen Führen, sondern es sahen
sich auch Personalentwickler von Unternehmen, Verwaltungen
und Krankenhäusern dazu veranlasst, das Angebot in ihre Semi-
narprogramme aufzunehmen.

Diese Orientierung an Konkurrenten statt an Kunden ist funktional. Für Leistungsanbieter ist es in vielen Fällen schwer, die
Wünsche der Kunden zu erheben, weil diese Informationen
nicht ohne Weiteres verfügbar sind. Schlimmer noch – häufig weiß der Kunde selbst gar nicht so genau, was er eigentlich
will. Konkurrenten sind dagegen deutlich einfacher zu beobachten und zu durchschauen. Während die Vorstellungen eines Kunden hinsichtlich eines Produktes häufig vage bleiben,
sind die Produkte von Konkurrenten transparent. Während
sich die Kunden häufig nicht klar darüber sind, welchen Preis
sie für ein Produkt zu zahlen bereit sind, sind die Preise der
Konkurrenten leicht zu ermitteln. Systemtheoretisch ausgedrückt heißt das: In dem Maße, wie die eigene Umwelt kom-
plex ist, weicht man darauf aus, andere Marktteilnehmer zu
beobachten (Luhmann 1990, S. 191).

2 Jenseits der objektivistischen Sichtweise – Die kognitive Wende

Der Mensch neigt zu der Auffassung, dass es nur eine »richtige« »objektive« Sichtweise einer Umwelt gibt. »Ein Tisch ist doch ein Tisch« – so die Auffassung an den philosophischen Stammtischen –, daran könne man doch nicht rütteln. Man könne das doch schon an den vier Tischbeinen und der Tischplatte erkennen, und nicht umsonst seien sich ja fast alle darin einig, wann sie einen Tisch sehen und wann nicht. Und sollte jemand einen Tisch nicht als Tisch erkennen – dann komme er entweder aus einem Land, wo es (noch) keine Tische gebe, oder er sei ein Fall für den Augenarzt oder gleich für die Psychiatrie.

Auch in Organisationen herrscht die Vorstellung, dass es die eine »richtige« »objektive« Sichtweise ihrer Umwelt gibt. Es geht um die Entdeckung von Dingen, die »dort draußen« bereits vorhanden sind und die letztlich noch darauf warten, gefunden zu werden (vgl. Smircich und Stubbart 1985, S. 725 f.).

2.1 Die objektivistische Sichtweise der Umwelt

Gerade in Organisationen ist man vielerorts fest davon überzeugt, dass man sich ein objektives Bild der eigenen Umwelt machen kann, wenn man nur die richtigen Instrumente einsetzt (siehe nur beispielhaft Fritz 1993, S. 3 ff.). Es wird davon ausgegangen, dass die Marktforschung eine bewährte, auf wissenschaftlichen Methoden aufbauende Vorgehensweise ist, mit der die Umwelt einer Organisation »richtig« erfasst werden kann. »Durch die Marktforschung«, so schon Karl Suthoff (1960, S. 87), bekomme der »Wirtschaftler« ein »Instrument in die Hand«, mit dessen Hilfe »er in der Lage ist, Verhaltensforschung zu betreiben und Licht in die immer unübersehbareren Märkte zu bringen« (siehe Hinweis bei Schrage 2010, S. 16).

Diese klassische Vorgehensweise der Marktforschung ähnelt in den meisten Aspekten der in der empirischen Sozialforschung dominierenden Vorgehensweise (siehe dazu früh schon Vogt 1929, S. 316). Das Untersuchungsdesign muss in Bezug auf das Problem definiert werden, die Datenerhebungsmethode bestimmt und die Stichprobe ausgewählt werden. Nach der Auswahl des Erhebungsinstruments müssen die Daten erhoben und kodiert werden. Danach müssen die Daten analysiert und interpretiert werden (siehe beispielhaft Broda 2006, S. 29 ff. oder Kuß und Eisend 2010, S. 30 ff.).

Auch die klassische Marktforschung geht von den üblichen Gütekriterien der quantitativen empirischen Sozialforschung aus: Bei der Durchführung der Untersuchung und der Analyse der Daten muss sichergestellt werden, dass die Ergebnisse nicht durch die subjektive Wahrnehmung der Forscher verzerrt werden. Es muss gewährleistet werden, dass die erhobenen Daten repräsentativ sind, also Aussagen nicht nur über das ausgewählte Sample, sondern auch darüber hinaus getroffen werden können. Und last, but not least muss sichergestellt werden, dass die ermittelten Ergebnisse auch valide sind, dass also das erhoben wurde, was durch die Marktforschung ins Auge gefasst werden sollte (siehe beispielhaft Kuß et al. 2014).

Die Annahme ist, dass das Bild der Organisation von ihrer Umwelt umso genauer ist, je großflächiger Kundenbefragungen sind, je genauer in Fokusgruppen in die Denkweise von Kunden eingedrungen wird und je genauer die Konkurrenz studiert wird. Wenn man die Umwelt noch nicht »richtig« wahrgenommen hat, dann liegt das eben daran, dass man noch nicht genau genug hingesehen hat.

Das Modell dieses Zugangs zur Umwelt ist das einer Kamera, mit der die Umwelt möglichst genau erfasst werden soll. Es komme darauf an, die Linsen der Kamera möglichst leistungsfähig zu gestalten, den Gegenstand – je nach Interesse – möglichst nah heranzuzoomen oder über den Weitwinkel möglichst in seiner Gänze zu erfassen. Natürlich können die Bilder der Umwelt nicht die versprochenen Einblicke liefern – aber dann war die Kamera defekt, sie wurde vielleicht falsch gehalten, oder der Gegenstand war zu weit entfernt. An der Tatsache, dass man mit Kameras prinzipiell genaue Abbilder der Umwelt erstellen kann, wird aber nicht gezweifelt.

Die klassische Vorstellung ist, dass der Erfolg einer Organisation davon abhängt, dass sie ihre Umwelt möglichst genau einschätzen und die eigenen Entscheidungen möglichst genau an die Anforderungen der Umwelt anpassen kann. Der Erfolg eines Unternehmens hänge davon ab, dass das Unternehmen die Wünsche der Kunden und Strategien der Konkurrenten genau antizipiere und sich mit der eigenen Vorgehensweise darauf einstelle. Der Erfolg einer Partei hänge davon ab, dass sie die Erwartungen der Wähler erfüllen könne und sich mit ihrem Programm darauf einstelle. Jede Organisation – so die Denkweise – müsse lernen, sich ihrer »Umwelt anzupas-

sen, oder sie gehe im Kampf mit besser adaptierenden konkurrierenden Systemen unter« (Bendixen et al. 1968, S. 14).
Man kann eine solche Denkweise fast idealtypisch an
dem Modell der Wettbewerbsanalyse von Michael E. Porter
(1980) beobachten. Es komme bei einer Wettbewerbssitua-
tion – so Porter – darauf an, die Bedrohung durch neue
Marktteilnehmer, die Verhandlungsstärke der Zulieferer, die
Macht der Kunden, die Bedrohung durch Substitutionsgü-
ter (jene Güter also, die das eigene Produkt ersetzen könnten) und die Intensität des Konkurrenzkampfes zwischen den
Wettbewerbern möglichst genau einzuschätzen, um dann
das eigene Unternehmen optimal am Markt positionieren
zu können. Es wird unterstellt, dass eine Organisation ihre
Umwelt objektiv erfassen kann. Die aus Kunden bestehen-
de Umwelt der Pkw-Hersteller sei gleich – ob man sie jetzt
aus der Perspektive von BMW, Mercedes oder Audi betrach-
te. Die Wählerschaft sei bei aller Segmentierung für alle Parteien in einem Land identisch und lasse sich durch Wahlforschungsinstitute in ihren Rationalitäten und Irrationalitäten
genau ausleuchten.

Spuren einer objektivistischen Perspektive in der Organisationstheorie

Diese objektivistische Sichtweise hat Eingang in eine ganze Reihe früher Organisationstheorien gefunden. Während in einem
verkürzten Anschluss an Max Weber (1976, S. 562) davon ausgegangen wurde, dass es eine auf »Präzision«, »Eindeutigkeit«, »Ak-
tenkundigkeit«, »Einheitlichkeit« und »straffer Unterordnung«
basierende »ideale« Organisation gibt, wurde in einer Reihe neue-
rer Organisationstheorien herausgearbeitet, dass Organisationen

ihre Umweltbedingungen erfassen und sich mit ihrer Struktur an diesen »objektiv« erhobenen Umweltbedingungen ausrichten müssten.

Der *Kontingenzansatz* geht davon aus, dass Organisationen sich ihrer Umwelt anpassen müssen. Der Grad der Arbeitsteilung, der Standardisierung, der Zentralisierung und der Formalisierung einer Organisation hänge maßgeblich von den Konkurrenzverhältnissen, der Kundenstruktur und den technischen Entwicklungen in der Umwelt einer Organisation ab (so z. B. Pugh und Hickson 1976). Zwar wird, anders als noch in der sich unmittelbar an Frederick Taylor anschließenden Organisationsforschung, nicht davon ausgegangen, dass es für alle Organisationen nur einen »richtigen Weg« gibt, aber die Theorie ist durch die Vorstellung geprägt, dass es für jede einzelne Organisation einen optimalen »Fit« zu ihrer spezifischen Umwelt gibt. Ganz selbstverständlich wird in der Kontingenztheorie davon ausgegangen, dass die Umweltbedingungen objektiv von der Organisation erfasst werden können.

Im *populationsökologischen Ansatz* der Organisationsforschung findet ein Bruch mit zweckrationalen Ansätzen statt, weil nicht mehr davon ausgegangen wird, dass sich Organisationen zielgerichtet an ihre Umwelt anpassen können – dafür seien die Vorstellungen über die Ziele der Organisation zu unterschiedlich und die Informationen über Zweck-Mittel-Relationen zu ungenau (so z. B. Hannan und Freeman 1984, S. 150 f.). Organisationen seien insgesamt zu träge, als dass sie sich effizient an Veränderungen der Umwelt anpassen könnten. Es komme aber immer wieder zu mehr oder minder zufälligen Variationen, die zu unterschiedlichen Ausprägungen von verschiedenen Organisationen im gleichen organisationalen Feld führten. Durchsetzen würden sich letztlich dann die Organisationen, die am besten an ihre Umwelt angepasst seien. Auch wenn dieser Ansatz mit den klassischen Vorstellungen der Planbarkeit von Organisationen bricht, so findet sich doch auch hier die Vorstellung, dass die Umwelt von Organisationen »objektiv« vorhanden ist und als Selektionsmechanismus in einem organisationalen Feld wirkt.

2.2 Forming – Organisationen kreieren ihre Sicht der Umwelt

Die Annahme einer objektiv zu beobachtenden Umwelt ist in den letzten Jahrzehnten stark erschüttert worden. Wir wissen inzwischen sowohl aus der biologischen und der psychologischen als auch aus der soziologischen Forschung, dass jedes System aus seiner Umwelt immer nur wenige Informationen herausfiltert. Diese Begrenzung ist funktional: Ohne einen Filter würde das System an einem Zuviel an Informationen zugrunde gehen. Die hochselektive Verarbeitung von Reizen aus der Umwelt ist eine Überlebensbedingung.

Das magische Wort, mit dem dieses Phänomen in der Systemtheorie beschrieben wird, ist Autopoiesis (siehe dazu grundlegend Luhmann 1986 und Luhmann 1987). Das Wort klingt erst einmal kompliziert, aber der dahinter stehende Gedanke, der das Denken sowohl in den Natur- als auch in den Sozialwissenschaften revolutioniert hat, ist einfach. Jedes System – also jeder Mikroorganismus, jeder Mensch, jede Gruppe, jede Organisation – kann nur selbstbezüglich funktionieren. Das Verhalten eines Systems wird nicht durch irgendwelche Ereignisse in der Umwelt determiniert, sondern es ergibt sich ausschließlich aus den eigenen Strukturen.

Aus dem Autopoiesis-Konzept folgt, dass Systeme ihre Umwelt eben *nicht* »objektiv« betrachten können. Was ein Unternehmen, eine Verwaltung, eine Universität oder eine

Partei als Umwelt beobachtet, ist immer ihr eigenes Konstrukt (Luhmann 2000, S. 52), das sich nach dem Motto bildet: »Ich sehe nur das, was ich glaube«. Die Umwelt ist also immer nur so wahrnehmbar, wie es unsere eigenen Systemstrukturen in all ihrer Subjektivität vorzeichnen. »Subjektiv« bedeutet dabei – darauf weist Niklas Luhmann hin – nicht willkürlich. Der subjektive Umweltentwurf eines Systems »muss Sinn geben« – also ein »System in die Lage versetzen, Komplexität zu reduzieren. Sonst kann das System nicht sinnvoll und selbsterhaltend handeln« (Luhmann 2010, S. 135).

Man kann sich diesen systemtheoretischen Grundgedanken über die systemabhängige Sicht auf die Umwelt am Beispiel des menschlichen Gehirns verdeutlichen. Das Gehirn hat keinen direkten Kontakt zu seiner Umwelt. Zwar wirken Reize aus der Umwelt auf das Gehirn ein – das Gehirn ist an die Umwelt »strukturell gekoppelt« –, aber es werden im Gehirn keine Merkmale einer Erscheinung aus der Umwelt abgebildet. Das Gehirn nutzt vielmehr die Reize aus der Umwelt, um sich ein ganz eigenes Bild von seiner Umwelt zu machen (siehe dazu Foerster 1996, S. 137 ff.).

Oder man kann es sich an Protestbewegungen wie beispielsweise der Ökologiebewegung oder der Frauenbewegung verdeutlichen, die ganz selbstverständlich davon ausgehen, auf »objektiv« vorhandene Krisen in der Gesellschaft zu reagieren. Was die Bewegung in der Gesellschaft erkennt – die Bedrohung durch Atomwaffen oder das diskriminierende Verhalten von Männern – wird aber erst durch die Beobachtungen, die die Bewegung selbst anstellt, produziert. Zwar werden für die eigene, vermeintlich objektive Sicht auf eine Umwelt Informationen aus dieser Umwelt zum Beispiel über stationierte Atomwaffen oder die Prozentzahl von Frauen in Aufsichtsräten aufgegriffen, der Punkt ist aber: Erst durch die Beobachtungen wird diese Umwelt produziert (siehe dazu Kühl 2015b, S. 70 f.).

Das bedeutet, dass Systeme ganz unterschiedliche Bilder ihrer Umwelt herstellen, ohne dass man sagen kann, welches die »objektiv« richtigen sind. Heinz von Foerster illustriert dies an einer Geschichte von Pablo Picasso, der von einem Besucher gefragt wurde, warum er immer so abstrakte Bilder male und ob er nicht in der Lage sei, die Dinge so zu malen, wie sie wirklich seien. Darauf antwortete Picasso mit der Gegenfrage: »Können Sie mir bitte erklären, was Sie mit ›wie die Dinge wirklich sind‹ meinen«? Der Besucher überlegte, nahm ein Foto aus seiner Brieftasche und sagte: »Schauen Sie, dieses Bild zeigt meine Frau so, wie sie wirklich ist!« Darauf entgegnete Picasso: »Oh, Ihre Frau ist wirklich sehr klein und sehr flach!« (vgl. Foerster 1995, S. 246).

Was bedeutet dieser Gedanke für die Frage, wie Organisationen ihre Umwelt wahrnehmen?

Die Aussage läuft darauf hinaus, dass die Wahrnehmung der Umwelt maßgeblich durch die in der Organisation vorhandenen Orientierungsmuster geprägt wird. Es sind die »dominanten Logiken«, »vorherrschenden Skripte«, »prägenden Schemata«, »herrschenden Denkmuster« und »kollektiven Denkweisen«, die die Sicht auf die Umwelt bestimmen. Oder anders ausgedrückt: Organisationen können nur auf die Aspekte in ihrer Umwelt rekurrieren, die ihre Mitglieder aufgrund ihrer »dominanten Logiken«, »vorherrschenden Skripte«, »herrschenden Denkmuster«, »kollektiven Denkweisen« und der sie »prägenden Schemata« wahrnehmen.

Wir nennen diesen Prozess der Wahrnehmung einer Umwelt »Forming«. Im Gegensatz zu dem passiven Prozess des »Scannings« einer Umwelt verweist der Begriff des »Formings« auf die aktive Aneignung einer organisationsspezifischen Sicht auf die Umwelt. Organisationen reagieren also »nicht einfach auf eine gegebene Umwelt, sondern auf Umweltwahrnehmungen, die in den Organisationen selbst – und dies in Abhängigkeit von organisationsinternen Festlegungen – hervorgebracht werden« (vgl. Luhmann 2009, S. 9). Oder anders ausgedrückt: »Die Umwelt beeinflusst Organisationen durch die Art, wie sie wahrgenommen wird.«

Organisationstheoretische Spuren – Zum Verhältnis von Forming und Enactment

Das Konzept des »Formings« setzt grundsätzlicher an als das in der Diskussion verwendete Konzept des »Enactments«. Der Ausgangspunkt von Richard L. Daft und Karl E. Weick (1984, S. 287 ff.) ist, dass es zwei unterschiedliche Annahmen bei der Exploration der Umwelt gibt, die sich auf die Art und Weise der Wahrnehmung auswirken. Im ersten Fall nehmen Organisationen an, dass die Umwelt greif- und messbar ist. In diesem Fall spielen Organisationen das traditionelle Spiel der Entdeckung der korrekten Interpretationen. Aus dieser Perspektive besteht der Kernprozess der »Entdeckung« in der intelligenten Sammlung von Daten, deren korrekter Messung und rationaler Analyse. Bei dieser Annahme würde die Organisation – ganz im Sinne einer zweckrationalen Logik – nach eindeutigen Daten und Lösungen suchen. Im zweiten Fall gehen Organisationen davon aus, dass die Umwelt eigentlich nicht zu analysieren ist. In diesem Fall tendieren Organisationen dazu, sich in einem Prozess des »Enactments« bis zu einem bestimmten Grad ihre eigene Umwelt selbst zu konstruieren. Es wird nach einer Interpretation gesucht, die vergangene Handlungen verständlich macht, und so wird die Sicht auf die Umwelt selbst konstruiert. Kurz: Die von der Organisation erstellte Interpretation ihres Umfeldes prägt ihre Sicht auf die Umwelt stärker, als die Umwelt die Interpretation der Organisation zu prägen vermag.

Mit dem Konzept des »Formings« radikalisieren wir diesen Gedanken, indem wir behaupten, dass jede Sicht auf die Umwelt durch die Struktur der Organisation geprägt wird. Wenn eine Organisation meint, dass ihre Umwelt stabil und übersichtlich ist, dann nicht deswegen, weil die Umwelt »objektiv« stabil und übersichtlich ist, sondern weil die Strukturen der Organisation so ausgerichtet sind, dass die Umwelt nur als stabil und übersichtlich wahrgenommen werden kann. Durch die Kommunikationswege, die Programme und das Personal einer Organisation sind ihre Wahrnehmungsmuster so eingestellt, dass sie sich selbst davon überzeugt, eine »objektive« Sichtweise auf die Umwelt zu haben, ihre Handlungen somit also als rational gerechtfertigt erscheinen.

Dieser Prozess zeigt, dass »Forming« der allgemeinere Begriff ist, mit dem die Sichtweise auf die Umwelt durch die Struktur der Organisation vorgegeben wird. Im Rahmen dieses »Formings« können dann mithilfe der Überlegung von Richard L. Daft und Karl E. Weick (1984, S. 288 f.) verschiedene Vorgehensweisen unterschieden werden, mit denen Organisationen ihre Umwelt wahrnehmen. (1.) Beim »konditionierten Sehen« (»Conditioned Viewing«) verlässt sich die Organisation auf ihre einmal etablierten Instrumente zur Wahrnehmung ihrer Umwelt; es geht um eine routinierte Erhebung der häufig quantitativen Daten und die Ableitung von Konsequenzen aus diesen als objektiv empfundenen Daten. (2.) Beim »Entdecken« (»Discovering«) geht die Organisation zwar davon aus, dass ihre Umwelt »objektiv« zu erfassen ist, gibt sich aber selbst die Aufgabe, Neues in der Umwelt zu entdecken. Dafür werden Instrumente aus der Marktforschung, der Trendanalyse oder Projektionsberechnung genutzt, um Probleme und Möglichkeiten vorauszusagen, die mit den Instrumenten des »konditionierten Sehens« nicht erfasst werden konnten. (3.) Beim »ungerichteten Sehen« (»Undirected Viewing«) geht die Organisation davon aus, dass ihre Umwelt nicht objektiv zu analysieren ist. Über zufällige Informationen, persönliche Kontakte oder Gerüchte bildet sich die Organisation eine Meinung über ihre Umwelt. (4.) Bei der »Hervorbringung« (»Enactment«) handelt es sich um eine Strategie, mit der Organisationen ihre Sicht auf die Umwelt aktiv gestalten. Sie sammeln Informationen, indem sie neue Verhaltensweisen ausprobieren, und schauen, was passiert. Sie experimentieren, testen und simulieren und ignorieren dabei die altbekannten Regeln und gewohnten Erwartungen.

Im Rahmen der Marktexploration geht es darum, Organisationen, die bisher eher mit Mitteln der klassischen Markt- und Trendforschung auf Prozesse des »konditionierten Sehens« gesetzt haben, über einen Prozess des »Enactments« in die Lage zu versetzen, ihre Sicht auf die Umwelt aktiv zu gestalten.

Die dominanten Logiken, herrschenden Denkmuster und kollektiven Denkweisen, die bestimmen, wie die Organisation ihre Umwelt wahrnimmt, ergeben sich aus den Strukturen der Organisation. In der Organisationsforschung versteht man unter Strukturen einer Organisation solche Entscheidungen, die eine Vielzahl weiterer Entscheidungen beeinflussen. Wenn das Vertriebsunternehmen Amazon die Anfrage einer Redakteurin der New York Times oder – was besonders interessant wäre – der Washington Post zum Thema Arbeitsbedingungen ignorieren würde, weil diese Zeitung in der Vergangenheit die Arbeitsbedingungen in den Verteilerzentren angekreidet hat, würde man noch nicht von einer Strukturentscheidung sprechen. Erst dann, wenn eine solche Anfrage seitens Amazon ignoriert wird, weil man beispielsweise entschieden hat, grundsätzlich keine Anfragen der Presse zu Arbeitsbedingungen zu beantworten, würde man von einer Strukturentscheidung sprechen.

Die »Organisationsstrukturen« – oder um den organisationstheoretischen Fachbegriff zu verwenden: die »Entscheidungsprämissen« – schränken nicht nur den Rahmen der in der Organisation möglichen Entscheidungen stark ein, sondern führen auch dazu, dass Organisationen einen hochselektiven Blick ausbilden. Organisationen entwickeln eine hohe Sensibilität für Bestimmtes und eine ausgeprägte Insensibilität für alles Übrige. Ein chinesischer Handyhersteller interessiert sich nicht für die Änderung der Agrarbestimmungen in Marokko (und hat auch keine Routinen, um diese wahrzunehmen). Eine Internetfirma hat kein Auge für die Entwicklungen auf dem Arbeitsmarkt für Reinigungsfachkräfte (außer sie bietet virtuelle Reinigungstätigkeiten an).

Aus dieser Perspektive wird deutlich, wie verkürzt Aussagen wie »der Markt fordert …«, »der Wähler verlangt …« oder »der Kunde will …« sind. Korrekter wäre es, zu sagen, dass der »Markt das fordert, was ein Unternehmen aufgrund seiner Struktur von ihm wahrnimmt«, die »Wähler das fordern, was die Parteien auf sie projizieren« und der »Kunde das will, was eine Organisation meint, ihm anbieten zu können«. Kurz – Aussagen über die Umwelt einer Organisation sind primär erst einmal Aussagen über die Organisation selbst.

2.3 Die Perspektivenvielfalt und Perspektivenverengung in Organisationen

Man würde es sich jetzt aber zu einfach machen, wenn man davon ausginge, dass Organisationen aufgrund ihrer Struktur zwangsläufig »eine« einheitliche Sicht auf ihre Umwelt hätten. Häufig unterscheiden sich die Sichtweisen der verschiedenen Abteilungen, Teams und – in einigen Fällen – auch der einzelnen Personen in der Organisation erheblich. Dies hängt damit zusammen, dass die einzelnen Abteilungen, Teams oder Personen aufgrund ihrer sehr unterschiedlichen Einbindungen in die Organisationsstruktur jeweils eigene spezielle Logiken, Denkmuster und Denkweisen ausbilden und deswegen auch die Sichtweise auf die Umwelt – also zum Beispiel auf Konkurrenten, auf Kunden oder auf Kooperationspartner – innerhalb einer Organisation ganz unterschiedlich ist. Wenn man es in der Sprache der Systemtheorie ausdrücken möchte: Es gibt nicht nur *eine* »systemrelative Umweltsicht« einer Organisation, sondern viele »subsystemrelative Umweltsichten«.

Man kann sich diesen unterschiedlichen Sichtweisen in einer Organisation dadurch nähern, dass man sich genauer ansieht, wie Abteilungen, Teams oder Personen in die Struktur einer Organisation eingebunden sind. In der systemtheoretischen Organisationsforschung werden drei grundlegende Typen von Organisationsstrukturen (etwas kompliziert, aber sehr präzise auch »Entscheidungsprämissen« genannt) unterschieden. Den ersten Typus stellen die *Kommunikationswege* einer Organisation dar, also die Mitzeichnungsrechte, hierarchischen Weisungsbefugnisse oder Projektnetzwerke, über die die Kommunikationen in der Organisation geregelt werden. Einen ersten, häufig verzerrten Blick auf die Kommunikationswege bekommt man, wenn man sich das Organigramm einer Organisation ansieht. Der zweite Typus sind die *Programme* einer Organisation, also die Entscheidungen über Wenn-dann-Programme oder Zielvorgaben, über die man feststellen kann, ob ein Mitglied richtig oder falsch gehandelt hat. Der dritte Typus von Entscheidungen sind die Entscheidungen über *Personal*. Dieses Verständnis von Personen als Strukturmerkmal von Organisationen ist gerade für Betriebswirtschaftler, die durch ihr fachliches Denkschema – Aufbauorganisation (also Kommunikationswege) und Ablauforganisation (also Programmtypus) – geprägt sind, nicht leicht nachvollziehbar, leuchtet aber unmittelbar ein, wenn man sich vor Augen hält, dass es aufgrund von Personalwechsel häufig zu anderen Entscheidungen kommt, auch wenn die Kommunikationswege und Programme sich nicht ändern (vgl. Luhmann 2000, S. 279 ff.).

Diese Strukturtypen können sich auf unterschiedlichen Seiten der Organisation bemerkbar machen. Die *formale Seite* der Organisation beinhaltet die offiziell kommunizierten Erwartungen, die ein Organisationsmitglied erfüllen muss, wenn es Mitglied der Organisation bleiben möchte. Bei der *informalen Seite* der Organisation handelt es sich um diejenigen Erwartungen, die sich im Schatten der formalen Seite der Organisation ausbilden. Sie können nicht offen als Mitgliedschaftsbedingung formuliert werden, haben aber gerade deshalb einen starken Einfluss auf das Verhalten von Organisationsmitgliedern. Bei der *Schauseite* einer Organisation handelt es sich um die »Darstellung für die Straße« – also um die Strukturen, die sich gut als Fassade der Organisation für ihre Umwelt eignen.

Jeder einzelne Bereich, jede Abteilung, jedes Team, ja selbst jedes einzelne Organisationsmitglied ist in einer sehr spezifischen Form in die Struktur der eigenen Organisation eingebunden. Die Vertriebsmitarbeiter eines Unternehmens haben eine wichtige Funktion für die Schauseite der Organisation, und dementsprechend wird ihr Auftritt gegenüber Kunden soweit es geht über formale und informale Erwartungen gesteuert. Die Rechtsabteilung einer Organisation hat dagegen eine andere Verankerung in der Organisation. Ihre Aufgabe besteht darin, das unvermeidbar »wilde Handeln« in Organisationen so darzustellen, dass es im Falle von Klagen als »rechtmäßig« erscheint. Rechtsabteilungen sind in den Organigrammen häufig vergleichsweise nahe an der Organisationsspitze angesiedelt und haben deswegen einen starken Einfluss auf die Prägung der Formalstruktur in Organisationen.

Grafik 1 Die Strukturmatrix zur Analyse von Organisationen

Märkte explorieren

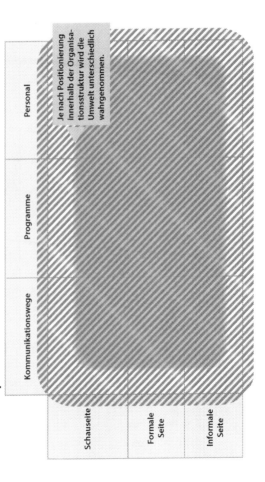

	Kommunikationswege	Programme	Personal
Schauseite			
Formale Seite			
Informale Seite			

Je nach Positionierung innerhalb der Organisationsstruktur wird die Umwelt unterschiedlich wahrgenommen.

Die Wahrnehmung der Umwelt durch eine Organisation wird deswegen nicht nur durch *eine* »dominante Logik«, *ein* »herrschendes Denkmuster« oder *eine* »kollektive Denkweise« bestimmt, sondern es bilden sich im Rahmen und im Schatten dieser dominanten Sichtweisen »konkurrierende Logiken«, »abweichende Denkmuster« und »lokale Sichtweisen« aus. Diese basieren nicht – wie gern unterstellt wird – auf »falschen Wahrnehmungen« der Umwelt, sondern ergeben sich fast zwangsläufig aus der Verortung der entsprechenden Organisationsmitglieder in der Struktur der Organisation.

Die sogenannten »Grenzstellen« von Organisationen haben nun die Aufgabe, der Umwelt ein geschöntes Bild der Organisation zu präsentieren und gleichzeitig die Informationen aus der Umwelt so zu komprimieren, dass sie von der Organisation verarbeitet werden können. Die Informationen aus der Umwelt werden von den Grenzstellen so selektiv weitergeleitet, dass innerhalb der Organisation eine Vorauswahl der relevanten Eindrücke entsteht (siehe dazu Adams 1976; Aldrich und Herker 1977; Tacke 1997). Es kommt – um einen Begriff von Richard Cornuelle (1975) zu nutzen – zu einem »Front Office Syndrome«. Gerade die Leiter von Unternehmen, Krankenhäusern, Armeen, Verwaltungen, Ministerien und Parteien bekämen somit ein Bild der Umwelt, das die Logiken, Denkmuster und Sichtweisen des Personals in den »Front Offices« wiedergebe und eben nicht die Eindrücke, die die Umwelt von der Organisation habe.

Die sogenannten »technischen Kerne« einer Organisation haben dagegen nur einen sehr reduzierten Kontakt zur Umwelt. Der Arbeiter, so Frederick W. Taylor, der »Erfinder« der »wissenschaftlichen Betriebsführung«, müsse von der Komplexität der Märkte und der Arbeitsprozesse nichts wissen, sondern sich nur auf einen durch Experten vorgegebenen Prozess konzentrieren. Die Gleichförmigkeit vieler Tätigkeiten im technischen Kern entsteht dadurch, dass

Überraschungen oder Widersprüche aus der Umwelt der Organisation in sogenannten Gewährleistungseinheiten bearbeitet werden (Thompson 1967, S. 21) und den produktiven Kern gar nicht erst erreichen. Das heißt nicht, dass im technischen Kern gar keine Kontakte zur Umwelt bestehen. Häufig erfahren die Mitarbeiter im technischen Kern über informale Wege, wie sich Wahrnehmungen bei Kunden verändern oder welche neuen politischen Rahmenbedingungen sich abzeichnen. Aber wenn sie solche Wahrnehmungen artikulieren, werden sie häufig nicht gehört, weil die Beobachtung der Umwelt nicht Teil ihrer formalen Stellenbeschreibung ist.

Aus dieser Perspektive ist erklärbar, weshalb die Debatten über die Einschätzung der Umwelt häufig so heftig umstritten sind (siehe zur politischen Perspektive Schreyögg 1999, S. 397). Die Pressestelle, die vorrangig daran arbeitet, die Reputation der Organisation zu verbessern, hat eine andere Perspektive auf die Umwelt als eine Einkaufsabteilung, die vorrangig darauf achtet, von welchem Lieferanten Zulieferteile am preisgünstigsten bezogen werden können. Die Abteilung für Qualitätsmanagement, bei der die Beschwerden der Kunden auflaufen, hat eine andere Sicht auf die Umwelt als die Produktionsabteilung, die nur sporadisch Rückmeldungen von Kunden erhält. Die Verortung einer Person in der Organisationsstruktur bestimmt, welche Aspekte der Umwelt sie betrachtet. Perspektiven, die sich daraus ergeben, können miteinander in Konflikt treten. Das kann für die Organisation funktional sein, weil Organisationen durch solche Konflikte ein komplexeres Bild ihrer Umwelt bekommen. Manchmal existieren die Perspektiven auch nur nebeneinanderher, ohne dass man sich darüber austauscht. Das kann für die Organisation funktional sein, weil jeder mit einem für sich schlüssigen Bild der Umwelt arbeitet und so Handlungsmotivation entsteht.

Beispiel – Die unterschiedlichen Grenzstellen von Pharmaunternehmen

Pharmafirmen interagieren mit ihren jeweiligen Partnern über je spezielle Grenzstellen. Die Abteilung für Gesundheitspolitik einer Pharmafirma wirkt besonders auf die Krankenkassen und die Kassenärztlichen Vereinigungen ein, um den Mehrwert der eigenen Medikamente herauszustellen. Der Außendienst der Pharmafirma wirkt auf die Ärzte ein, um sie beim Einsatz von Medikamenten zu beraten und so eine höhere Verschreibungsquote für die eigenen Medikamente zu erreichen. Der Vertrieb der Pharmafirma steht in Kontakt mit Apothekern und Einkäufern von Kliniken, um die Preise zu verhandeln.

So wird dann – um ein einfaches Beispiel zu nennen – deutlich, dass der durch genaue Zielvorgaben (Zweckprogramme) geprägte Vertrieb eines Pharmaunternehmens häufig eine ganz andere Sichtweise von der Umwelt hat als die Abteilungen, die für die Sicherung der Qualität verantwortlich sind und die sich viel stärker an den von den Genehmigungsbehörden vorgegebenen Wenn-dann-Programmen (Konditionalprogrammen) orientieren müssen.

Interessant ist, dass in vielen Fällen die verschiedenen Grenzstellen der Pharmafirmen auch auf verschiedene Grenzstellen der Kliniken stoßen. Die Klinikärzte stehen besonders mit dem Außendienst der Pharmafirmen in Kontakt; der Vertrieb der Pharmafirmen steht in Verbindung mit den Einkäufern des Krankenhauses und den Krankenhaus-Apothekern. Klinik-Leitungen versuchen, Einfluss auf die Gesundheitspolitik zu nehmen.

Die unterschiedlichen Abteilungen in einem Pharmaunternehmen (und auch in der Klinik) interagieren miteinander. Sie haben aber aufgrund ihrer Einbindung in die Organisationsstruktur unterschiedliche Wahrnehmungen bezüglich der Anforderungen der Umwelt. Manchmal stehen sich diese Auffassungen konträr gegenüber, manchmal kann man sich punktuell auf eine gemeinsame Sichtweise einigen.

Auffällig ist jedoch, dass sich trotz dieser unterschiedlichen konkurrierenden Perspektiven auf die Umwelt innerhalb der Organisation doch meistens *eine* dominierende Perspektive ausbildet. Durch mikropolitische Aushandlungen, durch den Aufbau von Konsensfiktionen und durch das Vertrauen in die von den Grenzstellen getroffenen Einschätzungen entsteht in Organisationen häufig eine auffällig einheitliche Sichtweise auf die Umwelt. »Mitglieder von Organisationen«, so Karl Weick (1985, S. 16), verbringen einen beträchtlichen Teil ihrer Zeit damit, untereinander »eine annehmbare Darstellung dessen, was vor sich geht, auszuhandeln«. In leichter Abwandlung zur Überlegung von Jeffrey Pfeffer und Gerald R. Salancik (1978) über eine »verhandelte Umwelt« einer Organisation – einer »Negotiated Environment« – kann man von einer »verhandelten Perspektive auf die Umwelt« – einer »Negotiated Perspective on the Environment« – sprechen.

Die Organisation entwickelt – bei aller Heterogenität der internen Sichtweisen – in dem sich selbst verstärkenden Prozess häufig einen hochselektiven Blick auf ihre Umwelt. Die Strukturen der Organisation bewirken, dass man nur begrenzte Ausschnitte der Umwelt wahrnimmt. Die Strukturen wirken dann wie Filter: Durchgelassen werden nur die anschlussfähigen Informationen. Die Organisation sieht sich bestätigt. Sie befindet sich aufgrund der Informationen, die sie mit ihrer Struktur wahrnimmt, in dem Glauben, dass sie mit ihrer Einschätzung genau richtig liegt. Es entsteht ein »Zirkel der Selbstbestätigung« in der Organisation, der alle davon überzeugt, dass ihre Sicht der Umwelt richtig ist.

Hinter diesem Zirkel der Selbstbestätigung steckt ein grundlegenderer Mechanismus – der Prozess der sich selbst erfüllenden Prophezeiung. Wenn Kunden hören, dass ihre Bank in Zahlungsschwierigkeiten ist, heben sie panisch ihr Geld ab. In vielen Fällen gerät die Bank jedoch erst dadurch in Zahlungsschwierigkeiten. Manager mit einem negativen Bild von ihren Mitarbeitern trauen diesen keine Initiative zu und versuchen sie deswegen über enge Vorgaben zu führen. Das führt bei den Mitarbeitern zu Frustration bis hin zur inneren Kündigung, und die Manager können sich in ihrem negativen Bild des Mitarbeiters bestätigt fühlen.

Man kann einen solchen Zirkel der Selbstbestätigung in Unternehmen regelmäßig beobachten (siehe dazu Kühl 2015a, S. 43 ff.). So verschlief der Telekommunikationsbereich von Siemens aufgrund solcher Zirkel der Selbstbestätigung sowohl die Entwicklung der Faxgeräte als auch die Entwicklung der Datenübertragung über das Internet. Mit der Entwicklung von Faxgeräten wurde bei Siemens frühzeitig experimentiert. Sie hätten ohne große Schwierigkeiten auf den Markt gebracht werden können. Weil Siemens jedoch bei der Entwicklung des Telexgeschäfts erfolgreich war und die Lernprozesse dort besonders intensivierte, wurde das Geschäft mit den Faxgeräten anderen Unternehmen überlassen. Ähnliches geschah bei der Entwicklung von Vermittlungsstellen für Telefonnetze. Siemens, einer der Marktführer in diesem Bereich, betrieb energisch die Weiterentwicklung der Schalttechnik: Die Schaltzentralen wurden digitalisiert. Unter dem einprägsamen Namen Asynchronous Transfer Mode wurde eine Technik entwickelt, mit der Daten und Sprache über die gleichen Leitungen fließen konnten. Durch die intensiven Lernbemühungen in diesem Bereich wurde vom Management jedoch lange Zeit nicht bemerkt, dass sich sowohl Daten als auch Sprache immer besser über das Internet verschieben ließen. Siemens' dominierende Marktstellung war zunehmend bedroht. Das Problem, so das ehemalige Siemens-Vorstandsmitglied Volker Jung, bestehe darin, dass erfolgreiche Produkte zu lange gepflegt würden. So werde der Schwenk auf neue Technologien chronisch verpasst.

Eine durch sich selbst verstärkende Mechanismen »verhandelte Perspektive auf die Umwelt« in einer Organisation schließt nicht aus, dass konkurrierende Perspektiven in den einzelnen Bereichen der Organisation weiterexistieren. Wir wissen aus den Forschungen über das plötzliche Scheitern von Unternehmen wie Enron oder Lehman Brothers, über Medikamente, die wegen ihrer Nebenwirkungen kurzfristig zurückgezogen werden mussten, oder über Katastrophen wie den Challenger-Absturz oder den Atomunfall von Fukushima, dass in einzelnen Unternehmensbereichen die Wissensbestände vorhanden waren, die die Katastrophe hätten verhindern können. Diese Wissensbestände konnten sich aber nicht gegen den in der jeweiligen Organisation dominierenden Standpunkt durchsetzen.

Wie kann jetzt eine Vorgehensweise zur Exploration von Märkten – und allgemeiner zur Exploration der Umwelten von Organisationen – aussehen?

3 Vorgehensweise bei der Exploration

Mit dem Ansatz der Marktexploration zeigen wir auf, wie eine Organisation sich ein Verständnis ihrer Umwelt erarbeiten kann. Von zentraler Bedeutung für die Exploration von Märkten ist es, dass der Umwelt einer Organisation quasi »eine Stimme« – oder präziser: »mehrere Stimmen« – gegeben werden. Dabei geht es nicht darum, die Meinung von Partnern aus der Umwelt »abzufragen«, sondern vielmehr darum, sie gemeinsam »herauszuarbeiten«. Häufig sind sich zum Beispiel Kunden oder Zulieferer ihrer eigenen häufig impliziten Annahmen gar nicht bewusst. Diese Annahmen müssen deswegen in Interaktionen herausgeschält werden, sodass sie dann als Impuls in die Organisation eingespielt werden können.

Dieser Ansatz bedient sich verschiedener Methoden der Marktforschung, häufig qualitativer Natur, nicht selten aber auch quantitativer Natur. Als qualitative Befragungsmethoden können beispielsweise leitfadengestützte Experteninterviews, narrative Interviews oder Gruppendiskussionen mit oder ohne Unterstützung durch Visualisierungen (z. B. Collagen, Bilder, Organisationskarten oder Lebenslinien) eingesetzt werden. Als qualitative Beobachtungsmethoden kommen teilnehmende Beobachtungen, nichtteilnehmende Beob-

achtungen, Rollenspiele oder Experimente infrage (siehe als
deutschsprachiger Überblick Holzmüller und Buber 2007).
Als quantitative Methoden können beispielsweise eingesetzt
werden: Umfragen mit Fragebogen, die per Post, E-Mail oder
Internet verbreitet werden, Telefon- oder Live-Befragungen
oder sogenannte Prognosemärkte, bei denen mit virtuellem
Geld auf konkurrierende Ideen gesetzt wird. Aber man kann
auch quantitative Beobachtungsmethoden einsetzen. Man
denke nur an die Erhebung verhaltensbasierter Messdaten
zum Beispiel durch die Aufzeichnung von App-Nutzung und
durch die Auswertung von Straßenverkehrsdaten oder Scan-
ner-Kassen (siehe als deutschsprachigen Überblick Kuß und
Eisend 2010).

Die qualitativen Methoden basieren darauf, durch Beobachtung und Befragung vergleichsweise weniger Teilnehmer
tiefer gehende Einsichten über die Ansichten und das Verhalten von Personen zu erhalten. Diese Vorgehensweise ist besonders geeignet, wenn man Neues herausfinden, komplexe
Zusammenhänge verstehen und Motivationen und Intentio-
nen ergründen will. Die quantitativen Methoden zielen dagegen darauf, viele Teilnehmer einer Zielgruppe zu erreichen
und so repräsentative Antworten zu erheben. Dies ist besonders geeignet, wenn es darum geht, die Verbreitung einer Auffassung in einer bestimmten Zielgruppe zu erheben. Für die
Kommunikation innerhalb der Organisation haben sie den
Vorteil, dass sie aufgrund ihrer »Zahlenhaftigkeit« als objektiv gemessene Ergebnisse präsentiert werden und so einen
Sachverhalt absichern können (zur Differenz zwischen quantitativen und qualitativen Methoden in der Organisationsforschung siehe Kühl et al. 2009).

Die Spezifik der Vorgehensweise der Marktexploration –
oder allgemeiner: der Umweltexploration – liegt darin, dass
die durch die Organisationsstruktur geprägten unterschiedlichen Sichtweisen auf die Umwelt diskursiv zusammengeführt

und mit Perspektiven von außerhalb der Organisation angereichert werden. Durch die Diskurse können auf der Basis einer sich verändernden Sicht der Organisation auf die Umwelt Gestaltungsspielräume ausgelotet und ihre Grenzen identifiziert werden.

3.1 Re-framing – die Veränderung der Sicht auf die Umwelt der Organisation

Die Organisationsstruktur schafft den Rahmen – also den »Frame« –, mit dem Organisationen ihre Umwelt wahrnehmen. Solche Frames lassen sich – wie gezeigt – nur schwer irritieren. Durch die Frames werden jene Informationen herausgefiltert, die die Organisationen als Stabilisierung ihrer Struktur begreifen. Informationen, die nicht zu den etablierten Beobachtungsmustern der Organisationen passen, werden durch die Frames abgewiesen (Goffman 1977, S. 332 ff.).

Im Prozess der Exploration der Umwelt kommt es darauf an, sich in die Lage zu versetzen, die Umwelt wenigstens punktuell anders als bisher wahrzunehmen. Dafür ist es notwendig, den Rahmen, mit dem die Umwelt wahrgenommen wird, an einigen Stellen zu verändern. Es geht – um den eingeführten Begriff aus der Organisationsforschung zu benutzen – um ein »Re-Framing« (siehe dazu beispielhaft Bolman und Deal 2008). Die Herausforderung besteht darin, dass die Organisationen häufig nur ein stark vereinfachtes Bild ihrer Umwelt haben. Der Ansatzpunkt für ein Re-Framing liegt nun darin, die Sicht der Organisation auf ihre Umwelt punktuell zu erschüttern. Der Trick ist also, der Umwelt selbst eine Stimme – oder besser mehrere Stimmen – zu geben und diese in die Organisation zurückzuspielen.

Im ersten Schritt verschafft man sich anhand der Auswertung von Studien, von Literatur, von Internetquellen und von internen Quellen einen ersten Eindruck von der Umwelt. Man nutzt quasi die Explorationshistorie der Organisation – vorliegende Daten und Erkenntnisse –, um sich ein allererstes Bild zu machen. Aber die Informationen, die man mit diesem ersten Schritt erhält, können nur mit allergrößter Vorsicht genutzt werden. Sie sind häufig so stark durch den dominierenden »Frame« der Organisation geprägt, dass sie selten überraschende Einsichten beinhalten.

Die Tendenz zu »Copy and Paste« bei der Umfeldanalyse von Entwicklungshilfeorganisationen

Entwicklungsbanken wie die Weltbank, die Asian Development Bank oder die EIB müssen, bevor sie Kredite an Unternehmen, Verwaltungen oder Nichtregierungsorganisationen in Entwicklungsländern vergeben, deren Leistungsfähigkeit überprüfen. Es geht um die Einschätzung, ob sie in der Lage sind, den Kredit so für Investitionen einzusetzen, dass sie ihn nach einer Karenzzeit zurückzahlen können.

Weil die Entwicklungsbanken gezwungen sind, ihren Aktionären – in der Regel die Regierungen der großen Industriestaaten – nachzuweisen, dass sie ihr Geld »nachhaltig« anlegen, wird von den Projektmanagern der Entwicklungsbanken verlangt, dass sie bei der Vergabe eines jeden Kredits eine Prüfung des Kreditnehmers – also beispielsweise eines Wasserunternehmens, eines Stromunternehmens oder einer Nichtregierungsorganisation – vornehmen.

Das Problem besteht jedoch in der Schwierigkeit, einen detaillierten Einblick in die kreditnehmenden Organisationen zu erhalten. Die unterschiedlichen Interessen in der Organisation sind nur schwer herauszukristallisieren, die Machtspiele laufen weitgehend im Verborgenen ab, und auch an die auf Vertrauen basierenden informalen Netzwerke kommt man von außen nur schwer heran.

Es gibt daher in den Entwicklungsbanken eine weitverbreitete Politik, bei der Einschätzung der kreditnehmenden Organisationen auf »Copy and Paste« zu setzen. Wenn man die von einer anderen Bank angefertigte Analyse eines Kreditnehmers mehr oder weniger übernimmt, gewinnt man nicht nur Zeit, sondern man baut auf Wissen auf, das sich bereits andernorts bewährt hat. Man ist auf der sicheren Seite, weil man darauf verweisen kann, dass die »eigene« Analyse ja auch von anderen geteilt wird.

Das Problem ist jedoch, dass diese publizierten und immer wieder kopierten Analysen gerade durch ihre Ähnlichkeit an Plausibilität gewinnen. Es existieren dann zwar Analysen, die es den Projektmanagern ermöglichen, die internen Anforderungen ihrer Bank zu erfüllen, aber die Kreditnehmer bleiben weiterhin eine Blackbox.

Der zweite Schritt besteht in explorativen Interviews und Beobachtungen. Bei den explorativen Interviews führt man Gespräche mit Akteuren aus der Umwelt der Organisation. In der Regel handelt es sich dabei um Mitglieder von Organisationen, deren Perspektive durch ihre eigene Stellung in der Organisation geprägt sein kann. Es können aber auch Journalisten oder Wissenschaftler sein, die ein Organisationsfeld beobachten, oder Einzelkunden, die sich über den Kauf eines Produktes Gedanken gemacht haben. In den explorativen Interviews wird versucht, die Annahmen, Sichtweisen und Motivationen der Gesprächspartner sichtbar zu machen. Dabei können sowohl sogenannte Experteninterviews, die anhand eines Leitfadens von Fragen durchgeführt werden (siehe dazu kompakt Meuser und Nagel 1997 oder Liebold und Trinczek 2009), als auch narrative Interviews, in denen die Gesprächspartner durch einen Gesprächsimpuls zu einer Stegreiferzählung motiviert werden sollen (siehe dazu kompakt Holtgrewe 2009; ausführlich siehe Küsters 2009), durchgeführt werden.

Ergänzen kann man die Interviews um explorative Beobachtungen. Das lohnt sich besonders dann, wenn man Verhalten sichtbar machen will, das in den Interviews nicht thematisiert werden kann. Dem Gesprächspartner ist sein Verhalten häufig selbst nicht bewusst, oder er möchte ungern darauf angesprochen werden. Häufig wird in den explorativen Interviews – jedenfalls zu Beginn eines Gesprächs – die Schauseite einer Organisation (oder einer Person) gepflegt. Diese Schauseite ist im Alltag deutlich schwerer aufrechtzuerhalten. Aber nur weil man in dieser explorativen Phase etwas beobachtet hat, weiß man noch nicht, was der Beweggrund für die beobachtete Handlung ist.

Man kann deswegen zusätzlich Beobachtungen und Interviews in explorativen Beobachtungsinterviews zusammenführen (siehe dazu kompakt Kuhlmann 2009). Das Beobachtungsinterview wird nicht in einem Besprechungsraum durchgeführt, sondern am konkreten Ort der Arbeit oder des Konsums des Gesprächspartners. Dabei werden die normalen Arbeits- und Gesprächsroutinen des Gesprächspartners erst einmal nicht gestört, im Laufe der Beobachtung werden dann aber Fragen zu den beobachteten Verhaltensweisen gestellt. Weil sich die Fragen auf konkrete Handlungen beziehen, ist es für den Gesprächspartner schwieriger, eine Schauseite aufzubauen, und es werden bei dem Handelnden unbewusste, dem Beobachter aber zugängliche Verhaltensweisen ansprechbar.

Der dritte Schritt besteht in Peergroup-Diskussionen in Form von Workshops. Weil die explorativen Interviews nicht von Experte zu Experte geführt werden und deswegen unterschiedliche Sichtweisen nur sehr begrenzt miteinander kontrastiert werden können, macht es Sinn, mehrere Experten in einem Workshop zusammenzuführen. Dabei kommt es darauf an, die Interaktion zwischen den Gesprächsteilnehmern zu maximieren (siehe dazu Kitzinger 2003, S. 350 f.). Erst durch die Kontrastierung verschiedener Auffassungen kommen gegenüber den Einzelinterviews zusätzliche Einsichten zustande. Die unterschiedlichen Rationalitäten der Personen können so gegenübergestellt und unterschiedliche explizite und implizite Denkmuster sichtbar gemacht werden.

Es bietet sich an, diese Peergroup-Diskussionen anhand von konkreten Handlungssituationen – zum Beispiel der Auswirkung einer neuen gesetzlichen Regelung, der Entstehung neuer technischer Möglichkeiten oder der Einführung eines neuen Medikaments – zu führen (zur »Fokussierung« von Gruppengesprächen siehe früh Bogardus 1926; zentral auch Morgan 1996). Wenn der Bezugspunkt der Diskussion ein für alle relevantes Thema ist, ist die Wahrscheinlichkeit größer, dass die eigenen Auffassungen von den anderen hinterfragt werden.

Die einfachste Variante eines Gruppeninterviews ist das mehr oder minder stark moderierte Gespräch, das aufgezeichnet und danach analysiert wird (siehe kompakt Liebig und Nentwig-Gesemann 2009; ausführlich siehe Lamnek 1998). Die Gruppeninterviews können aber durch Impulse angeregt und strukturiert werden. Eine häufig eingesetzte Möglichkeit ist, das Gruppeninterview mit der sogenannten Metaplan-Moderationsmethode beziehungsweise Pinnwand-Technik zu visualisieren. Dabei wird eine Gesprächsdramaturgie aus Fragefolgen entwickelt, und die Gesprächsbeiträge werden schriftlich auf Moderationstafeln oder über Beamer auf einer Leinwand festgehalten (siehe kompakt Kühl 2009b; ausführlich Klebert et al. 1996). Eine andere Methode ist das

Gruppeninterview über sogenannte Organisationskarten beziehungsweise Mindmaps. Dabei werden von einem für die Diskussion ausgehenden zentralen Begriff vielfältige Abzweigungen und Verbindungen grafisch über einen Beamer dargestellt (siehe kompakt Barth und Pfaff 2009; ausführlich Beyer 1997). Eine weitere Methode ist der Einsatz von Lebenslinien in Gruppeninterviews, in denen von einer Gruppe die Entwicklung eines Phänomens über einen längeren Zeitraum auf einer Skala grafisch dargestellt und mündlich kommentiert wird (siehe kompakt Moldaschl 2009). Aber selbst mit der Integration von Plan- oder Rollenspielen in Gruppeninterviews lässt sich experimentieren (zu Planspielen siehe Kriz 2009, zu Rollenspielen siehe Nagler 2009).

Auch wenn man in der Regel zuerst mit explorativen Interviews beginnt, dann – wenn sinnvoll – Beobachtungsinterviews einsetzt und erst im Anschluss an die so gewonnenen Erkenntnisse Gruppeninterviews führt, kann es in einzelnen Fällen sinnvoll sein, die verschiedenen Interviewformen überlappend laufen zu lassen. So ist es zum Beispiel möglich, eine in einem Gruppeninterview gewonnene Erkenntnis in Einzelinterviews oder Beobachtungsinterviews zu präzisieren. Sinnvoll ist dabei, zwischen den verschiedenen explorativen Interviews, Beobachtungsinterviews und Beobachtungen immer wieder Hypothesen über Zusammenhänge zu bilden. Diese helfen, in den Folgegesprächen weiterführende Erkenntnisse zu gewinnen und die Fragen für die folgenden Gesprächspartner immer weiter zu verfeinern.

3.2 Degeneralisierung der Aussagen

Die Muster zur Wahrnehmung der Umwelt sind stark durch Mythen, Dogmen und Fiktionen geprägt. Mythen sind Überlieferungen, die man nicht mehr hinterfragt, Dogmen sind

Festlegungen, an denen nicht gerüttelt werden darf, und Fiktionen sind Einbildungen ohne entsprechende Beweise. Mythen, Dogmen und Fiktionen enthalten »nachweisbare« Teilwahrheiten, werden aber insgesamt für bare Münze genommen. Man vertraut ihren Begründungen, ohne sie kritisch zu hinterfragen.

Mythen, Dogmen und Fiktionen helfen Organisationen dabei, ihre Sicht auf die Umwelt zu vereinfachen. In der Organisationsforschung spricht man davon, dass ihre Funktion dazu beiträgt, Unsicherheit zu absorbieren. Sie produzieren – um eine Formulierung von Albert Hirschman (1967) zu verwenden – die notwendige Ignoranz, damit die Organisationen handlungsfähig bleiben.

Bei der Exploration geht es darum, über »Degeneralisierung« an die häufig unbewussten oder kaum kommunizierbaren Aussagen – die Mythen, Dogmen und Fiktionen der Organisation – heranzukommen. Häufig sind Annahmen, Denkweisen und Motivationen hinter generalisierten Allgemeinplätzen verborgen. Die Fragen nach Annahmen, Denkweisen und Motivationen werden mit dem Wissen aus irgendwelchen aktuellen Managementbüchern, mit den Kernpunkten der letzten offiziellen PowerPoint-Präsentation oder mit pauschalen Aussagen wie »Der Kunde will das so« beantwortet. Diese Form der Generalisierung muss man überwinden.

Unsere Methode der *Degeneralisierung* ist ein diskursives Vorgehen in explorativen Interviews und Gruppengesprächen, mit denen die Annahmen, Denkweisen und Motivationen herausgearbeitet werden. In einem explorativen Interview legt man dafür dem Gesprächspartner einen Satz von Eröffnungsfragen vor. Er entscheidet, wo er beginnen möchte, und es besteht nicht der Anspruch, dass alle Fragen beantwortet werden müssen. Das Interview wird anhand von konkreten Handlungssituationen vertieft, und es werden verschiedene Handlungsoptionen im Interview gemeinsam durchdacht. So formt sich ein erstes Bild der Annahmen und Denkweisen des Interviewten. In den Gruppengesprächen können die Ergebnisse der explorativen Interviews überprüft und verfeinert werden. Die Dramaturgie für solche Gruppengespräche ist nicht ganz einfach. Bei Gruppengesprächen mit Personen, die sich noch nicht gut einschätzen können oder an denen ein Externer oder gleich mehrere teilnehmen, gibt es häufig einen Zensurmechanismus. Man sagt nicht alles, was man denkt, weil man nicht allzu viel preisgeben will oder weil man Angst hat, andere zu langweilen. Dies gilt es bei der Moderation des Gruppengesprächs zu durchbrechen, indem man konsequent Erklärungen für vermeintliche Selbstverständlichkeiten verlangt, Konkretisierungen für Annahmen einfordert oder Meinungen anhand von konkreten Beispielen im Detail durchspielt.

Letztlich wird bei der Degeneralisierung auf eine Vorgehensweise gesetzt, die durch die Literatur über sogenannte High Reliability Organizations – also Organisationen wie Flugzeugträger oder Kernkraftwerke, bei denen keine Fehler passieren dürfen – popularisiert wurde (siehe Obstfeld et al. 1999 und ausführlich in einer für das Management popularisierten Form Weick und Sutcliffe 2003). Bei der Degeneralisierung werden nicht die Abkürzungen, Vereinfachungen und Beschleunigungen eingefordert und belohnt, sondern die überraschenden Beobachtungen, die offensiv vorgetragenen Widersprüche und die Verkomplizierungen.

Vom Dogma der Leitlinie befreien

Ein auf Krebsbekämpfung spezialisiertes Pharmaunternehmen sieht Potenzial für seine Medikamente, die zur Vorbeugung gegen Nebenwirkungen von Chemotherapien dienen. Eine Studie hatte festgestellt, dass die behandelnden Onkologen die unterstützende Therapie wesentlich seltener einsetzen, als von den internationalen Behandlungsleitlinien empfohlen wurde. Im Unternehmen war man der Meinung, dass man den behandelnden Ärzten nur vor Augen führen müsse, dass sie nicht leitliniengerecht therapierten. Allein diese Aufklärung würde – so die Auffassung – dazu führen, dass die unterstützende Therapie breiter eingesetzt und so das Absatzpotenzial der eigenen Substanz ausgebaut werden würde. Das Motto war: »Leitlinien müssen befolgt werden, weil sie das Ergebnis der Interpretation von Studien durch ein internationales Gremium von Experten sind«.

In explorativen Interviews mit den Ärzten wurde jedoch schnell deutlich, warum sie – ohne offen der Leitlinie zu widersprechen – diese in ihrer Alltagsarbeit häufig unterlaufen haben. Die für die Chemotherapien angegebenen Risiken für das Auftreten von Nebenwirkungen wurden für zu hoch gehalten, und für bestimmte Krebsarten wurde infrage gestellt, ob die unterstützende Therapie überhaupt Sinn mache. Die Ärzte hatten – unabhängig von den Leitlinien – ihre eigenen Rationalitäten entwickelt, wann sie auf die unterstützende Therapie zurückgriffen. Sie setzten die unterstützende Therapie nur dann ein, wenn Nebenwirkungen bereits in der Vortherapie aufgetreten waren oder wenn ein ambulant behandelter Patient so weit vom Therapiezentrum entfernt wohnte, dass potenziell mögliche Nebenwirkungen nicht früh genug hätten erkannt werden können. In anderen Fällen wurde die Therapie nicht eingesetzt.

In der Peergroup-Diskussion der Onkologen ging es darum, den anwesenden Mitarbeitern des Pharmaunternehmens deutlich zu machen, dass deren Strategie, sich auf die Leitlinie zu berufen, wenig erfolgversprechend sein würde. Ziel war es hier, die in der Phase der Degeneralisierung herausgearbeiteten Gründe und Argumente der therapierenden Ärzte für die Ablehnung der Leitlinie weiter zu schärfen. Nur so wurde deutlich, warum sich die Ärzte nicht an der Leitlinie orientierten und sich somit auch nicht durch Studien zur fehlenden Leitlinien-Adhärenz würden umstimmen lassen. Das Pharmaunternehmen musste sich von seinem Argument verabschieden und seine angedachte Vermarktungsstrategie überdenken.

3.3 Hypothesenbildung – die Bildung von Annahmen, um in der Exploration voranzukommen

Bei einer Exploration der Umwelt einer Organisation kann man – wie gezeigt – nie vollständige Informationen gewinnen. Man trifft deswegen immer nur vorläufige Annahmen darüber, was ist oder was sein wird. Dieser Prozess läuft häufig unbewusst ab. In der Exploration geht es darum, diesen Vorgang der Bildung und Prüfung von Annahmen in kontrollierter Form zu durchlaufen. Dabei werden die Annahmen über die Umwelt – wir nennen sie Hypothesen – explizit formuliert. Diesen Hypothesen in Form von ausformulierten Sätzen wird eine vorläufige Gültigkeit unterstellt, und dies wird dann zur Diskussion gestellt.

Die Bildung von ausformulierten Hypothesen setzt schon sehr früh in einer Exploration ein. In den explorativen Interviews und Gruppengesprächen werden einzelne Beobach-

Grafik 2 Prozess der Hypothesenbildung

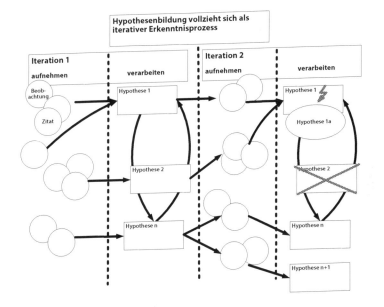

Hypothesenbildung vollzieht sich als iterativer Erkenntnisprozess

Iteration 1

aufnehmen

verarbeiten

Beob-achtung

Zitat

Hypothese 1

Hypothese 2

Hypothese n

Iteration 2

aufnehmen

verarbeiten

Hypothese 1

Hypothese 1a

Hypothese 2

Hypothese n

Hypothese n+1

tungen gemacht und markante Äußerungen vermerkt. Dabei fragt man sich, wie sich das Verhalten der Gesprächspartner erklären lässt, warum sie so handeln, wie sie handeln. Auf dieser Basis werden dann erste Hypothesen formuliert. Man fragt sich, was man weiter analysieren muss, um die Hypothesen zu erhärten oder um den Hypothesen etwas entgegenzusetzen. Aus diesen Hypothesen werden Fragen formuliert, die in den nächsten Gesprächen und Einzelinterviews verwendet werden, und man überlegt sich, mit wem man als Nächstes sprechen muss. Die Hypothesen werden so im Diskurs mit den Akteuren weiterentwickelt und gezielt zur Grundlage der nächsten Interaktionen gemacht.

4 Möglichkeiten der Wirklichkeitskonstruktionen – Fazit

Wenn man davon ausgeht, dass Organisationen nicht objektiv gegebene Umweltbedingungen scannen, sondern sich ihre Umwelt selbst erfinden, gibt es einen Königsweg zur Veränderung der Wahrnehmung der Umwelt durch Organisationen: die Veränderung der Struktur der Organisation. Die Ansatzpunkte für die Veränderung der Struktur können – wie gezeigt – über die Veränderung der Kommunikationswege vorgenommen werden, über die Abschaffung alter oder über die Einführung neuer Programme oder über die Einstellung, Entlassung oder Versetzung von Personal.

Auf der Ebene der *Kommunikationswege* kann die Wirklichkeitskonstruktion von Organisationen zum Beispiel darüber verändert werden, dass eine Organisation eine zusätzliche Abteilung schafft – zum Beispiel für Kontakte zu Aktionären oder zu Nichtregierungsorganisationen – und damit auch eine neue Perspektive auf die Umwelt eröffnet. Oder die veränderte Wahrnehmung der Umwelt kann – wie die Umstellung US-amerikanischer Großunternehmen auf eine Divisionalstruktur mit eigenen Profitcentern zeigt – durch die Einführung einer grundlegend neuen Aufbauorganisation ausgelöst werden.

Auf der Ebene der *Programme* kann die Wahrnehmung der Umwelt dadurch verändert werden, dass die Organisationen ihre Programmstruktur variieren. Konditionalprogramme führen dazu, dass in der Organisation besonders auf auslösende Impulse in der Umwelt geachtet wird. Zweckprogramme richten die Aufmerksamkeit der Organisation auf die Erreichung der Ziele – gerade dann, wenn die Erreichung mit zusätzlichen monetären Anreizen ausgestattet ist. Eine Veränderung von Zweck- oder Konditionalprogrammen in Organisationen führt immer auch zu einer Veränderung dahingehend, wie die Umwelt wahrgenommen wird. Eine Feuerwehr beispielsweise reagiert aufgrund ihrer Konditionalprogrammierung reflexartig auf einen Notruf und hat daher aufgrund des Fokus auf auslösende Impulse nur begrenzte Aufmerksamkeit im Hinblick auf die Prophylaxe von Bränden. Sie muss – wenn ihr die Prophylaxe wichtig ist – eigene Zweckprogramme einrichten, um diesen Aspekt ihrer Umwelt auch wahrnehmen zu können.

Auf der Ebene des *Personals* kann die Organisation die Wahrnehmung der Umwelt dadurch beeinflussen, dass Personal entlassen, eingestellt oder versetzt wird. Wenn ein Unternehmen oder ein Industrieverband sich dazu entscheidet, eine Staatssekretärin als Vorstandsmitglied zu berufen, dann steckt dahinter nicht nur das Interesse, Einfluss auf die Politik zu nehmen, sondern über die alten persönlichen Kontakte des neuen Vorstandsmitglieds besondere Sensoren für politische Entwicklungen auszubilden. Oder – um ein anderes Beispiel zu wählen – die inzwischen besonders bei Unternehmen der Chemie-, Pharma- und Energieindustrie verbreitete Politik, Personal von Nichtregierungsorganisationen abzuwerben, hat immer auch das Ziel, die kritischen Einwürfe aus den Protestbewegungen frühzeitig antizipieren zu können.

Aber auch wenn es vielfältige Möglichkeiten für Organisationen gibt, über formale Strukturentscheidungen die Wahrnehmung der Umwelt zu beeinflussen, darf dies nicht darüber hinwegtäuschen, dass die Art und Weise, wie die Umwelt von Organisationen wahrgenommen wird, ein nur schwer zu steuernder Prozess ist. Die von Organisationen mühsam aufgebaute Schauseite besitzt wichtige Funktionen für die geglättete Außendarstellung einer Organisation, sie prägt aber auch die Wahrnehmung der Umwelt durch die Organisation. Und auch die informale Struktur – die nichtentschiedenen Entscheidungsprämissen – hat einen häufig sogar noch wichtigeren Einfluss darauf, mit welchen Skripten, Schemata und Denkmodellen die Umwelt einer Organisation wahrgenommen wird.

Diese Kreation von Umweltbedingungen ist häufig also ein wildwüchsiger Prozess. Es gelingt dem Management nur sehr begrenzt, zu bestimmen, welche Umweltfaktoren in der Organisation überhaupt als relevant begriffen werden. Maßnahmen des Managements wie ein Benchmarking mit Organisationen aus dem gleichen oder aus einem anderen organisationalen Feld, das Aufsetzen von klassischen Marktforschungsmaßnahmen oder auch eher qualitativ ansetzende Marktexplorationen sind Versuche, diesen Prozess zu systematisieren. Die Herausforderung besteht darin, durch einen zeitlich befristeten Prozess neue Beobachtungsperspektiven für die Organisation zu schaffen, die – wegen der nur losen Ankopplung an die Struktur der Organisation – durch das Immunsystem der Organisation aber nicht sofort wieder abgestoßen werden können sollen.

Literaturverzeichnis

Adams, John S. (1976): The Structure and Dynamics of Behavior in Organizational Boundary Roles. In: M. D. Dunnette (Hg.): Handbook of Industrial and Organizational Psychology. Chicago: Rand McNally Coll. Publ. Comp., S. 1175–1199.

Aldrich, Howard E.; Herker, Diane (1977): Boundary Spanning Roles and Organization Structure. In: *Academy of Management Journal* 2, S. 217–230.

Barth, Sonja; Pfaff, Holger (2009): Organisationskarten. In: Stefan Kühl, Petra Strodtholz und Andreas Taffertshofer (Hg.): Handbuch Methoden der Organisationsforschung. Wiesbaden: VS Verlag für Sozialwissenschaften, S. 216–228.

Bendixen, Peter; Schnelle, Eberhard; Staehle, Wolfgang H. (1968): Evolution des Management. Quickborn: Verlag Schnelle.

Beyer, Maria M. (1997): BrainLand. Mind-Mapping in Aktion. 3. Aufl. Paderborn: Junfermann.

Bittelmeyer, Andrea (2007): Managen ohne Weisungsbefugnisse. Laterale Führung. In: *Managerseminar* 3, S. 34–41.

Bogardus, Emory S. (1926): The Group Interview. In: *Journal of Applied Sociology* 10, S. 372–382.

Bolman, Lee G.; Deal, Terrence E. (2008): Reframing Organizations. Artistry, Choice, and Leadership. 4. Aufl. San Francisco: Jossey-Bass.

Broda, Stephan (2006): Marktforschungs-Praxis. Konzepte, Methoden, Erfahrungen. Wiesbaden: Gabler.

Cornuelle, Richard C. (1975): De-Managing America. The Final Revolution. New York: Random House.

Daft, Richard L.; Weick, Karl E. (1984): Toward a Model of Organizations as Interpretation Systems. In: *Academy of Management Review* 9, S. 284–295.

DiMaggio, Paul J.; Powell, Walter W. (1983): The Iron Cage Revisited: Institutional Isomorphism and Collective Rationality in Organizational Fields. In: *American Sociological Review* 48, S. 147–160.

Evan, William M. (1966): The Organization-Set. Toward a Theory of Interorganizational Relations. In: James D. Thompson (Hg.): Approaches to Organizational Design. Pittsburg: University of Pittsburgh Press, S. 318–327.

Foerster, Heinz von (1995): Worte. In: Klaus Peter Dencker (Hg.): Weltbilder – Bildwelten. Hamburg: Hans-Bredow-Institut, S. 236–246.

Foerster, Heinz von (1996): Erkenntnistheorien und Selbstorganisation. In: Siegfried J. Schmidt (Hg.): Der Diskurs des radikalen Konstruktivismus. 7. Aufl. Frankfurt a. M.: Suhrkamp, S. 133–158.

Fritz, Wolfgang (1993): Marktorientierte Unternehmensführung und Unternehmenserfolg. Braunschweig: Working Paper TU Braunschweig (AP/Technische Universität Braunschweig, 93/01).

Goffman, Erving (1977): Rahmen-Analyse. Der Versuch über die Organisation von Alltagserfahrungen. Frankfurt a. M.: Suhrkamp.

Hall, Robert E. (2002): The Response of Prices to Shifts in Demand. Stanford: Stanford Working Paper.

Hannan, Michael T.; Freeman, John (1984): Structural Inertia and Organizational Change. In: *American Sociological Review* 49, S. 149–164.

Heidenreich, Martin; Schmidt, Gert (1992): Informatisierung, Arbeitsorganisation und Organisationskultur. Eine vergleichende Analyse der Einführung von Informationssystemen in italienischen, französischen und deutschen Unternehmen. Bielefeld: FSP »Zukunft der Arbeit«.

Hellmann, Kai-Uwe (2003): Soziologie der Marke. Frankfurt a. M.: Suhrkamp.

Hellmann, Kai-Uwe (2010): Nachwort. In: Dominik Schrage und Markus R. Friederici (Hg.): Zwischen Methodenpluralismus und Datenhandel. Zur Soziologie der kommerziellen Konsumforschung. Wiesbaden: VS Verlag für Sozialwissenschaften, S. 191–199.

Hirschman, Albert O. (1967): Development Projects Observed. Washington, D. C.: The Bookings Institution.

Holtgrewe, Ursula (2009): Narratives Interview. In: Stefan Kühl, Petra Strodtholz und Andreas Taffertshofer (Hg.): Handbuch Methoden der Organisationsforschung. Wiesbaden: VS Verlag für Sozialwissenschaften, S. 57–77.

Holzmüller, Hartmut H.; Buber, Renate (2007): Optionen für die Marketingforschung durch die Nutzung qualitativer Methodologie und Methodik. In: Hartmut H. Holzmüller und Renate Buber (Hg.): Qualitative Marktforschung. Konzepte – Methoden – Analysen. Wiesbaden: Gabler, S. 3–20.

Kitzinger, Jenny (2003): The Methodology of Focus Groups. The Importance of Interaction Between Research Participants. In: Nigel Fielding (Hg.): Interviewing. Volumne 1. London, Thousand Oaks, New Delhi: Sage, S. 347–364.

Klebert, Karin; Schrader, Einhard; Straub, Walter (1996): Moderationsmethode. Gestaltung der Meinungs- und Willensbildung in Gruppen, die miteinander lernen und leben, arbeiten und spielen. 7. Aufl. Hamburg: Windmühle.

Kriz, Willy (2009): Planspiel. In: Stefan Kühl, Petra Strodtholz und Andreas Taffertshofer (Hg.): Handbuch Methoden der Organisationsforschung. Wiesbaden: VS Verlag
für Sozialwissenschaften, S. 558–578.

Kühl, Stefan (2009a): Capacity Development as the Model for
Development Aid Organizations. In: *Development and
Change* 40, S. 1–27.

Kühl, Stefan (2009b): Visualisierte Diskussionsführung. In:
Stefan Kühl, Petra Strodtholz und Andreas Taffertshofer (Hg.): Handbuch Methoden der Organisationsforschung. Wiesbaden: VS Verlag für Sozialwissenschaften,
S. 195–215.

Kühl, Stefan (2011): Organisationen. Eine sehr kurze Einführung. Wiesbaden: VS Verlag für Sozialwissenschaften.

Kühl, Stefan (2015a): Das Regenmacher-Phänomen. Widersprüche im Konzept der lernenden Organisation. 2. Aufl.
Frankfurt a. M., New York: Campus.

Kühl, Stefan (2015b): Gruppen, Organisationen, Familien
und Bewegungen. Zur Soziologie mitgliedschaftsbasierter
Systeme zwischen Interaktion und Gesellschaft. In:
Bettina Heintz und Hartmann Tyrell (Hg.): Interaktion –
Organisation – Gesellschaft. Sonderband der Zeitschrift
für Soziologie. Stuttgart: Lucius & Lucius, S. 65–85.

Kühl, Stefan (2015c): Sisyphos im Management. Die vergebliche Suche nach der optimalen Organisationsstruktur.
2. Aufl. Frankfurt a. M., New York: Campus.

Kühl, Stefan; Strodtholz, Petra; Taffertshofer, Andreas (2009):
Qualitative und quantitative Methoden der Organisationsforschung. Ein Überblick. In: Stefan Kühl, Petra
Strodtholz und Andreas Taffertshofer (Hg.): Handbuch
Methoden der Organisationsforschung. Wiesbaden: VS
Verlag für Sozialwissenschaften, S. 13–27.

Kuhlmann, Martin (2009): Beobachtungsinterview. In: Stefan Kühl, Petra Strodtholz und Andreas Taffertshofer (Hg.): Handbuch Methoden der Organisationsforschung. Wiesbaden: VS Verlag für Sozialwissenschaften, S. 78–99.

Kuß, Alfred; Eisend, Martin (2010): Marktforschung. Grundlagen der Datenerhebung und Datenanalyse. 3. Aufl. Wiesbaden: Gabler.

Kuß, Alfred; Wildner, Raimund; Kreis, Henning (2014): Marktforschung. Grundlagen der Datenerhebung und Datenanalyse. 5. Aufl. Wiesbaden: Springer Fachmedien Wiesbaden.

Küsters, Ivonne (2009): Narrative Interviews. Grundlagen und Anwendungen. 2. Aufl. Wiesbaden: VS Verlag für Sozialwissenschaften (Hagener Studientexte zur Soziologie).

Lamnek, Siegfried (1998): Gruppendiskussion. Theorie und Praxis. Weinheim: PVU.

Lant, Theresa K.; Baum, Joel A.C (1995): Cognitive Sources of Socially Constructed Competitive Groups. In: W. Richard Scott und Soren Christensen (Hg.): The Institutional Construction of Organizations. Thousand Oaks: Sage, S. 15–38.

Liebig, Brigitte; Nentwig-Gesemann, Iris (2009): Gruppendiskussion. In: Stefan Kühl, Petra Strodtholz und Andreas Taffertshofer (Hg.): Handbuch Methoden der Organisationsforschung. Wiesbaden: VS Verlag für Sozialwissenschaften, S. 102–123.

Liebold, Renate; Trinczek, Rainer (2009): Experteninterview. In: Stefan Kühl, Petra Strodtholz und Andreas Taffertshofer (Hg.): Handbuch Methoden der Organisationsforschung. Wiesbaden: VS Verlag für Sozialwissenschaften, S. 32–56.

Luhmann, Niklas (1984): Soziale Systeme. Frankfurt/M: Suhrkamp.

Luhmann, Niklas (1986): The Autopoiesis of Social Systems. In: Felix Geyer und Johannes van der Zouwen (Hg.): Sociocybernetic Paradoxes. Observation, Control and Evolution of Self-Steering Systems. London: Sage, S. 172–192.

Luhmann, Niklas (1987): Autopoiesis als soziologischer Begriff. In: Hans Haferkamp und Michael Schmid (Hg.): Sinn, Kommunikation und soziale Differenzierung. Beiträge zu Luhmanns Theorie sozialer Systeme. Frankfurt a. M.: Suhrkamp, S. 307–324.

Luhmann, Niklas (1988): Die Wirtschaft der Gesellschaft. Frankfurt a. M.: Suhrkamp.

Luhmann, Niklas (1990): Risiko und Gefahr. In: Niklas Luhmann (Hg.): Soziologische Aufklärung. Opladen: WDV, S. 131–169.

Luhmann, Niklas (1991): Soziologie des Risikos. Berlin, New York: Walter de Gruyter.

Luhmann, Niklas (2000): Organisation und Entscheidung. Opladen: WDV.

Luhmann, Niklas (2009): Zur Komplexität von Entscheidungssituationen. In: Soziale Systeme 15, S. 3–35.

Luhmann, Niklas (2010): Politische Soziologie. Frankfurt/M: Suhrkamp.

Mayntz, Renate; Ziegler, Rolf (1977): Soziologie der Organisation. In: René König (Hg.): Handbuch der empirischen Sozialforschung. Band 9. 2. Aufl. Stuttgart: Enke, S. 1–141.

Meuser, Michael; Nagel, Ulrike (1997): Das Experteninterview – Wissenssoziologische Voraussetzungen und methodische Durchführung. In: Barbara Friebertshäuser und Annedore Prengel (Hg.): Handbuch Qualitative Forschungsmethoden in der Erziehungswissenschaft. Weinheim, Basel: Juventa, S. 481–491.

Moldaschl, Manfred (2009): Lebenslinien. In: Stefan Kühl, Petra Strodtholz und Andreas Taffertshofer (Hg.): Handbuch Methoden der Organisationsforschung. Wiesbaden: VS Verlag für Sozialwissenschaften, S. 229–246.

Morgan, David L. (1996): Focus Groups. In: *Annual Review of Sociology* 22, S. 129–152.

Nagler, Brigitte (2009): Rollenspiel. In: Stefan Kühl, Petra Strodtholz und Andreas Taffertshofer (Hg.): Handbuch Methoden der Organisationsforschung. Wiesbaden: VS Verlag für Sozialwissenschaften, S. 124–144.

Obstfeld, David; Sutcliffe, Kathleen M.; Weick, Karl E. (1999): Organizing for High Reliability. Processes of Collective Mindfulness. In: *Reserach in Organizational Behavior* 21, S. 81–123.

Pfeffer, Jeffrey; Salancik, Gerald R. (1978): The External Control of Organizations. A Resource Dependence Perspective. New York: Harper & Row.

Porter, Michael E. (1980): Competetive Strategy. Techniques for Analyzing Industries and Competitors. New York: Free Press.

Pugh, Derek S.; Hickson, David J. (1976): Organizational Structure in its Context. The Aston Programme. Band 1. Westmead, Farnborough: Saxon House.

Schrage, Dominik (2010): Zur Soziologie der kommerziellen Konsumforschung – eine Einleitung. In: Dominik Schrage und Markus R. Friederici (Hg.): Zwischen Methodenpluralismus und Datenhandel. Zur Soziologie der kommerziellen Konsumforschung. Wiesbaden: VS Verlag für Sozialwissenschaften, S. 11–28.

Schreyögg, Georg (1999): Strategisches Management. Entwicklungstendenzen und Zukunftsperspektiven. In: *Die Unternehmung* 53, S. 387–407.

Smircich, Linda; Stubbart, Charles (1985): Strategic Management in an Enacted World. In: *Academy of Management Review* 10, S. 724–736.

Surowiecki, James (2005): Die Weisheit der Vielen. Gütersloh: Bertelsmann.

Suthoff, Karl (1960): Marktforschung und Gesellschaftsstruktur. In: *Markenartikel* 22, S. 86–88.

Tacke, Veronika (1997): Systemrationalisierung an ihren Grenzen – Organisationsgrenzen und Funktionen von Grenzstellen in Wirtschaftsorganisationen. In: Georg Schreyögg und Jörg Sydow (Hg.): Managementforschung 7. Berlin, New York: Walter de Gruyter, S. 1–44.

Thompson, James D. (1967): Organizations in Action. New York: McGraw-Hill.

Varoufakis, Yanis (2012): Der globale Minotaurus. Amerika und die Zukunft der Weltwirtschaft. München: Kunstmann.

Vogt, Victor (1929): Absatzprobleme. Das Handbuch der Verkaufsleitung für Erzeuger, Groß- und Einzelhändler. Stuttgart: Verlag für Wirtschaft und Verkehr.

Weber, Max (1976): Wirtschaft und Gesellschaft. Tübingen: J. C. B. Mohr.

Weick, Karl E. (1985): Der Prozeß des Organisierens. Frankfurt a. M.: Suhrkamp.

Weick, Karl E.; Sutcliffe, Kathleen M. (2003): Das Unverwartete managen. Wie Unternehmen aus Extremsituationen lernen. Stuttgart: Klett-Cotta.

White, Harrison C. (1981): Where Do Markets Come From? In: *American Journal of Sociology* 87, S. 517–547.

Lektürehinweise – für ein organisationstheoretisch informiertes Verständnis von Organisationen

Unser Anspruch ist es, für Praktiker, die sich für einen organisationstheoretisch informierten Zugang zu Organisationen interessieren, ein umfassendes Angebot an aufeinander Bezug nehmenden Texten zur Verfügung zu stellen. Im Einzelnen besteht dieses Angebot aus folgenden Bausteinen:

Eine grundlegende Einführung in ein systemtheoretisches Verständnis von Organisationen
Kühl, Stefan (2011): *Organisationen. Eine sehr kurze Einführung.* Wiesbaden: VS Verlag für Sozialwissenschaften.

Grundlegend zur Rolle von Macht, Verständigung und Vertrauen in Organisationen
Kühl, Stefan (2016): *Laterales Führen. Eine kurze organisationstheoretisch informierte Handreichung zu Macht, Vertrauen und Verständigung.* Wiesbaden: Springer VS.

Anwendungen auf verschiedene Anlässe in Organisationen

Kühl, Stefan; Muster, Judith (2015): *Organisationen gestalten. Eine kurze organisationstheoretisch informierte Handreichung.* Wiesbaden: Springer VS.

Kühl, Stefan (2016): *Leitbilder erarbeiten. Eine kurze organisationstheoretisch informierte Handreichung.* Wiesbaden: Springer VS.

Kühl, Stefan (2016): *Strategien entwickeln. Eine kurze organisationstheoretisch informierte Handreichung.* Wiesbaden: Springer VS.

Kühl, Stefan (2016): *Märkte explorieren. Eine kurze organisationstheoretisch informierte Handreichung.* Wiesbaden: Springer VS.

Kühl, Stefan (2016): *Projekte führen. Eine kurze organisationstheoretisch informierte Handreichung.* Wiesbaden: Springer VS.

In den nächsten Jahren kommen in der Reihe Springer Essentials jeweils noch kurze organisationstheoretisch informierte Einführungen zu Interaktionsarchitekturen (z. B. Workshops, Großkonferenzen, Webkonferenzen) und zu Tätigkeiten in Organisationen (z. B. Managen, Führen, Beraten, Moderieren, Präsentieren, Evaluieren, Vergleichen) hinzu.

Organisationstheoretisch informierte Einmischungen in die aktuellen Managementdiskussionen

Kühl, Stefan (2015): *Wenn die Affen den Zoo regieren. Die Tücken der flachen Hierarchien.* 6., aktual. Aufl., Frankfurt a. M., New York: Campus.

Kühl, Stefan (2015): *Das Regenmacher-Phänomen. Widersprüche im Konzept der lernenden Organisation.* 2., aktual. Aufl., Frankfurt a. M., New York: Campus.

Kühl, Stefan (2015): *Sisyphos im Management. Die vergebliche Suche nach der optimalen Organisationsstruktur.* 2., aktual. Aufl., Frankfurt a. M., New York: Campus.

Überblick über die zentralen Bücher und Artikel der Organisationsforschung

Kühl, Stefan (Hg.) (2015): *Schlüsselwerke der Organisationsforschung.* Wiesbaden: Springer VS.

Überblick über quantitative und qualitative Methoden zum Verständnis von Organisationen

Kühl, Stefan; Strodtholz, Petra; Taffertshofer, Andreas (Hg.) (2009): *Handbuch Methoden der Organisationsforschung.* Wiesbaden: VS Verlag für Sozialwissenschaften.

Englische Fassungen werden zu allen diesen Beiträgen entstehen oder sind bereits entstanden. Unveröffentlichte Vorfassungen können unter quickborn@metaplan.com angefordert werden.

Printed in the United States
By Bookmasters